宇宙はなぜ
哲学の問題になるのか

伊藤邦武 Ito Kunitake

★——ちくまプリマー新書
332

本文・カバーイラスト　大塚砂織

目次 * Contents

はじめに

　この本を手にとってくださっているみなさんは、夜の星空を見上げていろいろな不思議な感じや謎めいた気分を味わったことがありますか。

　おそらく大都会に住んでいる人たちにとっては、夜空をながめてもスモッグにおおわれた空はぼんやりと霞(かす)んでいて、街中の灯りの洪水が星のきらめきをすっかり隠してしまっているので、空には何も見えないかもしれません。でも、少しだけ都会を離れて空気の澄んだところに行ってみると、夜空にはけっこうたくさんの星がちりばめられていることを実感して、新鮮な驚きを覚えるでしょう。

　そして、人があまり密集していない山や海に出かけてみれば、夜の空には思いもかけないほどの数の光がぎっちりと詰まっていて、その驚異の世界がまるで自分に強く迫ってくるような感じがして、大きな感動を覚えることもあると思います。

私たちの生命が生まれた宇宙は、無数の星の光が霧のように深く立ち込めている世界です。しかし、私たちが実際に住んでいる地球は、この広大無辺な大宇宙の片隅のそのまた片隅にある、本当にケシ粒のように小さな星です。地球は銀河のことだけを考えても、その一部分ともいえないほど小さくて、ほとんど「無い」といったほうが早いくらいの、小さな世界です。それでも、私たちはこの極小の世界に住んでいて、毎日の生活のなかであれこれ感じたり、考えたり、悩んだりしています。極端に大きな世界に属する極度に小さな星に住んで、毎日無数のことを感じたり、考えたりして生きている私たち――。

夜空を見あげてぼんやりと自分の将来について思いをはせているだけでも、私たちは何となく自分自身を超えた、何か非常に大きい、とてつもなく深い世界を目の前にしていることに気づかされます。それと同時に、自分の外の世界の大きさと自分自身の存在の、あまりにもアンバランスな関係に、奇妙な落ち着かない感じをもつかもしれません。

哲学という思考の営みは、この「何となく自分自身を超えた、何か非常に大きい、とてつもなく深い世界」について私たちが感じる、素朴なミステリアスな感情と密接に結

びついています。哲学は、私たちが生きて考えたり悩んだりしているこの毎日の現実を見つめる一方で、とてつもなく大きな宇宙全体という極限の世界のことも同時に意識して、私たちの現実世界をそれとの関係のもとで考えようとします。

私たちは宇宙のなかで、どのような位置を占めている生命なのだろうか――。

私たちが生まれたのはとてつもなく奇妙なことなのか？

「宇宙の中の人間の位置」、これがこの本でみなさんと一緒に考えていきたいテーマです。このテーマは二一世紀に生きる私たちにとって、とりわけヴィヴィッドに感じられるテーマではないかと思われます。

というのも、私たちの生きる環境世界は、もはやこの地球上の自然環境とさまざまな人工物の世界に限られるのでなく、宇宙へと大きく拡大しているように感じられるからです。地球温暖化とともに地表から海底、極地の大変動などが問題となる私たちの環境への問題意識は、おのずから「宇宙船地球号」の運命への問いかけに繋(つな)がっています。地球全体の資源への問いかけは、同時に太陽や宇宙空間からのエネルギー補給の問題でもあるでしょう。宇宙への探索、そして宇宙との交信ということは、いまではあまりにも身近なトピックだといえるでしょう。

宇宙についての私たちの今日の関心は、一方では科学技術がわれわれに見せてくれる素晴らしい宇宙のヴィジョンへの関心でもありますが、他方ではそうした宇宙に生きる自分自身の存在への反省、という形でも広がっていきます。前の問題関心が科学の問いであるとすれば、哲学の問題関心は後のほうにあります。

前世紀の後半から急速に発展した宇宙科学は、ビッグバン理論や多宇宙論、ブラックホールや暗黒物質の理論など、さまざまな発想や考え方によって非常に華々しい進展を遂げつつあります。私たちの宇宙は一三八億年前に誕生して、現在まで膨張しつづけてきた、「進化する宇宙」だと言われています。この宇宙進化の過程のどこかで銀河が生まれ、さらに太陽系が生まれ、そして地球上に生命が誕生し、最後にとうとう意識をもち、いろいろなことを考え、それを伝えあって知識や科学理論を蓄積し、発展させる生命、つまり人間が生まれました。

宇宙が進化し、その進化の過程の果てに、その進化について理解したり、説明したりする生物が生まれたとしたら、それは当然のことなのでしょうか。それとも、何かとてつもなく奇妙なことなのでしょうか。

現在の私たちの「宇宙の中の人間の位置」についての問いかけは、このような形で直ちに、哲学的なミステリーにぶつかることになります。しかし、謎はこれだけではありません。宇宙の進化の果てに私たちが生まれたのだとしたら、同じように宇宙のどこかに、私たちと似たような意識をもち、知識をもち、科学技術をもった生命がありそうな気もします。でも、そんな生命は私たちとどれくらい共通点があり、どれだけ違っているのでしょうか。もちろんこれは、宇宙人がいるのか、いるとしたら私たちと同じような科学をもっているのか、というSF小説の世界でいつも問われている問題です。ただ、哲学ではその話題をもう少し原理的に、理詰めで考えてみようとするのです。

この本では、現代における宇宙論的問題意識を背景にしたときに思い浮かぶ、このような哲学的疑問のいくつかを取り上げてみたいと思います。

人類の永遠のテーマ

ところで、「宇宙の中の人間の位置」というこのテーマは、二一世紀の私たちだけの問題関心であるかといえば、いうまでもなくそうではありません。この問題は人類にとって、その文明とともに古くからある、ある意味では人類共通の永遠のテーマでもあります。人間はその文明の源から宗教や神話という形をとって、この問題を考えてきました。そして、宇宙の全体を神々の物語として理解しようとした神話の時代の後に、同じ自然世界をもっと合理的な説明の下で理解したいという欲求から、二つの学問が生まれました。

それらの二つの学問は、あたかも双子の兄弟のようにいつも一緒に成長してきた学問で、それが科学と哲学です。科学は宇宙全体の組成や構造を、客観的な事実の側面から理解しようとします。哲学は、人間にはそうした理解や説明がなぜ可能なのかを問いかけるとともに、そのような能力をもった人間が宇宙の中に存在する意義についても反省します。これらの二つの学問は歴史の中でつねに、いわば不即不離の形で発展してきたのです。

皆さんもよくご存じのように、科学には歴史を通じた進歩があります。古代の人びとはギリシアでもインドでも、世界が閉じられた有限の大きさで、その真ん中に大地があると考えていました。ところが、西洋の一六世紀ころに、地球は太陽の周囲をまわっている惑星であり、太陽系を含む銀河宇宙は無際限な広がりをもった世界だということになりました。これがいわゆる「西洋近代科学」の考え方です。しかし、この考え方もまた、二〇世紀になって大幅に乗り越えられることになりました。宇宙はその歴史にかんしても、その空間的拡がりにかんしても、無際限ではなくて有限であるが、それは時間とともに膨張していて、しかもいつか収縮に向かうかもしれない――ビッグバン宇宙論を教えられている私たちは、こう考えています。

したがって、人類の宇宙観はきわめておおざっぱにいうと、右のような三つのステップを踏んできました。いいかえれば、人類の文明の歴史のなかでわれわれの宇宙観は二度、大きな変化を経験したのです。

さて、いま述べたように、哲学は科学の双子の兄弟です。ですから、科学の進展は哲学の問題意識の進展でもあります。もちろん、哲学の基本テーマそのものは変わりません。それはどこまでいっても「宇宙の中の人間の位置」を問題にします。しかしながら、その想定している宇宙の科学的ヴィジョンが異なれば、哲学の問いの立て方も当然のことながら、変わっていきます。

そこで、本書では思い切って話を簡単にするために、宇宙にかんする哲学的問いの焦点を三つに絞って、取り上げることにします。つまり、古代、近代、現代の時代に、「哲学から宇宙を考える」という課題として扱われたテーマのなかでも、もっとも重要と思われる問題意識を取り上げてみます。

本書の内容は次のようなものです。

第1章の問い——宇宙はどうしてこんなに美しいのか?

古代ギリシアの哲学者、たとえばプラトンは、宇宙の組み立てが数学的に見て美しい図形をモデルにして設計されているはずだ、と考えました。彼らは、宇宙の数学的構造を見通すことが、宇宙そのものが奏でる天上の音楽に聞き入ることだと考えました。

しかし、私たちはなぜ、宇宙の構造に幾何学的な構造を当てはめたくなるのでしょうか。いいかえると、私たちはなぜ宇宙をカオスではなく、コスモスとして見ようとするのでしょうか。この章では、古代に誕生した科学と哲学という双子の兄弟の営みが、その共通の基盤として前提にしていた、調和と秩序という考えを見てみます。天文学は宇宙のなかに調和を見出します。哲学は宇宙を考察する人間の精神のなかに調和を見出します。この章では、この二つの知的営みの結びつきに触れることにします。

第2章の問い――宇宙は有限か、無限か?

西洋近代の哲学者たち、たとえばデカルトやカントは、宇宙が無際限に大きいということをめぐって、いろいろな議論を試みました。宇宙が無際限に大きいということは、どこまで行っても限界がないということです。とはいえそれは、宇宙が無限大であることとは必ずしも同じことではありません。それでは、どこまで行っても限界がないとはどういう意味なのでしょうか。

宇宙を無限の空間や無限の持続時間であると見ることは、もちろん哲学者だけでなく、ガリレイやニュートンなど、近代の科学者・天文学者も共有した考え方です。しかしこの世界観は、空間や時間とは何かという哲学的問いを、自然に呼び寄せます。また、無限と有限とはどのようなものか、という哲学的な謎も生み出します。近代の哲学者の役割は、こうした問いや謎を理論的に追求することでした。本章ではとくに、この哲学の伝統の完成者ともいうべきカントの理論を、かなり詳しく追うことにします。

カントは空間や時間の謎を追い求めることから、私たちの科学的探究のもっている可能性と限界について、非常に鋭い洞察を行いました。彼はまたこの洞察を土台にして、人間の精神がもつ科学的探究能力とは別の、もう一つの力についても重要な理論を打ち立てました。それは、真なる科学的知識の獲得ではなく善なる道徳的行為の実現を目指すような、実践的な理性の働きについての理論です。この章では、カントの理論を使って、近代哲学が打ち立てた科学と道徳をめぐる哲学的洞察を、学ぶことにします。

第3章の問い――宇宙人が知性をもつかどうか、どうしてわかるのか?

二〇世紀以来の哲学では、私たちが何かを考えるとき、それを可能にしているのは言語や記号を操る能力だと考えました。たとえば、ウィトゲンシュタインは「語りうることについては明快に語らなければならず、語りえないことについては沈黙を守らねばばならない」と主張しました。これは、カントが考えたような、私たちの科学的探究のもっている可能性と限界についての洞察を、言語や記号の使用の問題として、もう一度問い直そうとした哲学的探究です。

言語の分析を中心とする現代哲学では、このように言語的コミュニケーションの可能性と限界ということについて考察するのですが、こうした問題意識は、宇宙時代における人間と地球外知的生命体とのコミュニケーションという、まったく新しいテーマについても、私たちの眼を開かせることになります。

もしも人間にとって言語能力が思考の最大の条件であるとしたら、宇宙の内なる知的生命体も同じく、記号などを使ったコミュニケーションの能力をもっているように思われます。しかし、さまざまな生命がそれぞれ知性をもっていることは、それらがみな同じ論理、同じ記号能力をもっている、ということを意味するのでしょうか。ひょっとすると、私たちは、異星人からの呼びかけがあったとしても、それを理解することができない、ということはないのでしょうか。本章では、言語分析を主軸とする現代哲学の知見を応用することによって、人間と異星人とのコミュニケーションという、少々SF的なテーマについて論じます。

さて、これらはもちろん、宇宙と人間にかんする哲学的な問いかけのなかでも、もっとも中心的と思われるものを挙げただけで、この主題についての哲学的問題は他にもたくさんあります。この本では、そうした関連した問題も、中心問題にからめてできるだけいろいろ紹介することができればと思います。

甦る古代の哲学

ところで、いま並べたように、宇宙についての私たちの見方は古代、近代、現代と大きく三つに分類することができますが、私たち自身は間違いなく現代という時代に生きていて、古代の時代などとは無関係に生活しています。そうだとすると、現代以外の古代や近代の哲学的問題意識についてもう一度取り上げてみることに、何か意味があるのでしょうか。プラトンやカントなどは偉大な哲学者かもしれませんが、彼らの活躍した時代はすでにずっと昔の時代なのですから、そうした哲学思想に触れることには、もはや格別の意味はないようにも思われます。

この疑問はもっともな疑問です。私たちの歴史は古代から繋がっていますが、私たちの人生はすべてがもっぱら現代社会の中で過ごされているのですから、古代の人びとや中世の人びととの宇宙観や自然観など、生活上何の関係もありませんし、取り立てて注意する必要はないような感じがします。

たしかにその通りなのですが、でも、ここで少しだけ考えてみてください。私たちはビッグバン宇宙論の最新のバージョンをテレビなどで教えられ、そこから生み出される数々の謎を楽しんでいます。とはいえ、私たち人間の祖先が考えた、宗教と神話から連続した形で発展した古代の宇宙観や、ニュートンのリンゴの話などをまったく忘れてしまっているかといえば、じつは必ずしもそうではありません。宇宙を舞台にした派手な映画や漫画、SFやゲームには、古代からの神話や宗教のエピソードがふんだんに使われていますが、そんな空想の世界のことを考えなくても、ふつうの日常の生活の中で、私たちは節分やお盆、七夕など、いろいろな古い自然理解にしたがった風習を守っています。そうした局面では、古代以来の宇宙観に埋め込まれたさまざまなアイデアが生きているのですが、それらはあまりにも身近なことなので、わざわざその意味を問うことがないだけです。ですから、現代に生きる私たちにとっても、古くからの宇宙についての哲学的問いはまったく無縁ではありえないのです。

それだけではありません。古代や近代の科学は理論としては、現在から見るとそうとうに古臭いものであっても、その背後で展開された哲学的議論自体は決して古びてはいません。プラトンが構想した数学的宇宙構造や、デカルトが考えた宇宙の無際限の問題は、現代のビッグバン宇宙論を下敷きにしても、同じように問うことのできる生きた主題です。科学と哲学は双子のような存在ですが、少し厳密に考えてみると、その成長の仕方はまったく同じではありません。科学は長い歴史を通じて、いわば一方向的に成長してきました。ところが哲学はむしろ、歴史の中でジグザグに進行したり螺旋的に成長してきたといってもよいと思います。哲学の世界では、もっとも新しい理論の場面で、もっとも古い議論にもう一度巡り合うということもありうるのです。

この本では、宇宙の中の人間の位置というテーマに沿って、哲学の舞台で論じられる中心的な課題を考えてみますが、そのために、プラトンやカント、ウィトゲンシュタインなど、これらの課題と格闘した歴史上の大哲学者と呼ばれる人びととの、思想的なプロフィールについても簡単に解説していくことにします。著者の私としては、皆さんがこの本を読むことを通じて、「宇宙と人間」という哲学的テーマについて、これから自分自身で考えていくためのいくつかのヒントを受け取っていただければ、大変ありがたく思います。それと同時に、有名な哲学者の思想についても、少しだけなじみになっていただくことができれば、著者としてこれほどうれしいことはありません。

第1章

人間にとって宇宙とは何だろうか？——古代ギリシアの哲学の誕生

世界中の古代文明で生み出された「星座」

空気のきれいな所で晴れた日の夜空を見上げてみると、星くずの溢れる世界は本当に夢幻の世界で、心が引き込まれそうになりますね。

私たちが星空を目にしたとき、一番はじめに思うのはどの星のことでしょうか。もちろんそれは人によってさまざまでしょうが、多くの人がまっさきに、学校で教えてもらったカシオペアやオリオン星座を探そうとするのではありませんか。「星座」は天空を観察したときにすぐに目に入ってくる星の列や塊が作り出す図形ですが、その図形を見ると私たちは何となくロマンティックな感じになります。星空に浮かび上がるいろいろな動物や器物の形、あるいは神話に登場する人物の物語などのことを考えると、夜空の世界が地上の日常的な世界とは別の、もう一つの世界を作っているような気持ちになってきます。

星座は夜空に輝く無数の星の中でも、きわだって目につくような星の集まりをきめて、その形に意味のある言葉を当てはめたものです。「星座」という言葉そのものが漢字でできているように、地上から見た星の集まりに名前をつけて、一つの塊として見る見方

そのものは中国の古代の天文学にもありますし、中国よりももっと古い、紀元前三〇〇〇年くらいのメソポタミアの遺跡やエジプトの天文学の記録にもあります。「やぎ」とか「おうし」、「壺」とか「竪琴」という星座は、いろいろな地方で使われていた星座ですが、それが指す星は異なっていたようです。そして、古代の地中海の世界で海上の商業を司っていたフェニキア人が、そのようないろいろな星座の見方をギリシアに伝えたところ、それらのいくつかとギリシア神話に登場する神々を組み合わせた形で、ギリシアの星座表もできたそうです。現在、世界

の人びとの間で広く使われている星座表は、この古代ギリシア伝来のものです。そのために、カシオペア（アンドロメダの母、Wの字の形をしている）とか、ペガスス（天馬、羽をもった馬、大きな四辺形）のような、ギリシア神話に登場する神の名前が含まれているのです。

夜空の星座と惑星系のシステム

しかし、人類の古代文明伝来の星座の見方にはいろいろなものがあったのに、その中でも古代ギリシアの神話に従った星座表が代表的なものになったのはなぜでしょうか。じつは、これには相当に意義深い理由があります。

夜空を見上げたとき、もっとも目につくのは大きく輝く星を結び合わせてできるいろいろな星座の姿ですが、もう一つ、これとはまったく別の意味で非常に目立って見える星があります。それはたとえば、夕焼けの空が夜に変化していくとき、最初に光り出す「宵の明星」とか、明け方最後まで輝きを見せている「明けの明星」のように、私たちの星である地球に実際に非常に近くにあるために、特別な輝きを印象づける星です。いうまでもなく、宵の明星と明けの明星とは、本当は同じ一つの星、つまり金星の別名です。そして、金星の英語はビーナス、つまり美の女神ですし、赤い惑星、火星の英語はマース、木星はジュピターですから、地球を取り巻く惑星の名前にもギリシア神話の系列を引くローマ神話の神の名前がついています（ギリシア神話の登場者とローマ神話の登場者は、名前だけちがっていますが、まったく同じ神や人間です。美の神ビーナスはギリシア神話ではアプロディテ、軍神マースはアレス、神々の長ジュピターはゼウスです[1]）。

ギリシア神話に登場する神々の名前をつけた星座の世界と、同じくギリシア＝ローマ神話に登場する神々の名前をもった惑星とは、どちらも私たちが星空を見たときにすぐに目に入るという意味では同じような星であるともいえますが、その振る舞いはかなり異なっています。

星座で一杯の星空は、一晩のうちに東の空から西の空へと回転しています。それは日中に太陽がわれわれの目から見て、東から西へと回転して見えるのとまったく同じで、北極星を中心とした天空全体の回転です。ところが、金星や火星のように、私たちが「惑星」と呼んでいる星は、夜空全体の運行とはまったく無関係に、一晩のうちにかなり複雑な軌跡を描いています。惑星の英語はプラネットですが、これらの太陽系に属する星々は、一晩のうちに不思議な曲線を描いたり、行ったり来たりしているように見えます。そのためにこれらの星は惑う星という意味での「惑星」とか、ぶらぶら遊んでいる星という意味で「遊星」と呼ばれるのです。

さて、地上から見上げた空に神話的な神の姿を重ねて考えることと、水星や金星と地球や太陽を含む惑星の運行の様子を、一つのシステムとして考えてみるということは、どのように違うことなのでしょうか。それぞれの星座は、地球から見た星々の塊をその「見え方」をもとにして、一つのまとまりあるものと考えたものです。それは夜空の星の世界が、私たちの目で見えるままにできていると考えて、そこにいろいろな塊や集まりを見つけて、それに名前をつけたものです。

一方、「惑星」や「太陽系」という考えは、そうした目で見えるままの世界とは全然ちがう別の見方で、星の世界を考えたものです。正確にいうと、いうまでもないことですが、古代の人びとはインドであれギリシアであれ、惑星の運動を組み合わせてできる星のシステムが、太陽を中心にしてできていると考えていたわけではありません。古代の人びと、あるいは東洋でも西洋でも、中世までの人びとはみな、地球が世界の中心にあり、その周りを太陽や水星、金星、土星が回っていると考えていました。彼らはみな地球中心の考え方、つまり「天動説」を採用していました。太陽を中心にした「地動説」が認められるようになったのは、コペルニクスやガリレイなど、西洋の近世の人びとの時代がきてからです。

しかし、天動説と地動説の比較もきわめて重要ですが、その前にまず、そもそも星の世界を一つの「運動のシステム」として考えようという発想が、非常に革命的だということに注意を向けたいと考えます。夜空の全体が一晩のうちに東から西へと移動していることは、それ自体が大きな運動のシステムです。しかしながら、それとは別に、その運動に逆らったようにして、いくつかの目だった星、つまり惑星が複雑な軌道を描いている。しかも、その複雑な軌道をまとめてみると、地球を中心とした（古代・中世の天動説）、あるいは太陽を中心とした（近世以降の地動説）、一つの運動のシステムが浮かび上がってくる。

いくつかの大きな星が作り出しているこの運動の軌道を、一つのシステムとしてまとめてみるとどうなるだろうか――。地球中心の惑星の運行の軌跡を一つのシステムにまとめる、というこの作業を集中的に行って、科学としての天文学の基礎となる考え方を作り上げたのがギリシア人たちでした。夜空の星の世界にかんする知識は、地球上のどんな古い文明にも組み込まれていて、それを題材にした物語や神話はたくさんあります。しかし、そうした地上からの天の姿の「見え方」にしたがって、宇宙を理解するという方法を思い切って捨て去って、運動する天体のシステムを別の角度から「構成してみる」。これが、科学としての天文学の出発点であり、その原型を作り上げたのがギリシア人の科学です。もちろん、ギリシア人も神話をもっており、星座をもっていました。しかし、それとは別に、科学としての天文学的知識が可能なのではないのか――彼らはこう考えたのです。

哲学の誕生

じつはここにこそ、科学の誕生とともに哲学の誕生ということを生み出した、とても大きな思想の革命があるのです。次の章で見るように、天動説から地動説への転換という、西洋の近世の最初に生じた宇宙像の転換は、それ自体が歴史的にも最大級の、非常に大きな意味をもつ思考の革命です。地球は太陽の周囲を回る星の一つにすぎず、いくつかある惑星の中の一つにすぎない。惑星のシステムの本当の中心は太陽であり、そこに本当の星どうしの運行の組み合わせがある。自分たちの住む地球を世界の中心からはずして、別の中心を認めることは、それ自体がとてつもなく大きな考え方の転換を必要としていることです。

しかしながら、この転換が生じるまえに、何よりもまず、いくつかの惑星が一つの運動のシステムを作っているという発想が、先になければなりません。そしてそのシステムは、空に見えている星の運行を素直に観察して、たくさんの記録を作り、それにいろいろなロマンティックな名前をつけていては見えてこない。むしろ、目に見える天の姿の背後に、それよりも本当の星の運動の世界があるのではないか。そのために、目に見えている夜空の姿を一旦は忘れて、それとは別に、それの背後に隠れている「天空の本当の姿」を探ってみる。

これが、科学としての天文学の出発であり、しかも、そのような思考の革命はただ、星座の世界とは別の星空の見方を考案するということだけではすまない、非常に複雑な思考の作業を含んでいました。それはある意味では、天動説から地動説への変換と同じくらい大げさな、きわめて驚くべき精神的な革命を意味しているかもしれないのです。

というのも、科学としての天文学を考案することは、星空や銀河や宇宙を、直に目に見える姿とは別次元の、「数学」の目で見ること、つまり円や球などの図形の学問である「幾何学」の目で見てみることを意味します。そして、宇宙を幾何学という数学の目で見ることは、同時に、その「美しさ」について、それまでの素朴な美的感性を捨てて、まったく別の美の意識の次元に立つことを意味します。それは目で見る美であるよりも、むしろ、「音楽」として感じられる調和の美を理解することを意味する。その、目で見える美しさから音楽としての美しさへと心の向きを向けかえること――それが、少なくとも古代ギリシアの人びとの天文学にたいしてもっていた理解であり、しかももう一つ驚くことに、「哲学」としての宇宙への問いが、この科学としての天文学の誕生に寄りそうようにして、生み出されたのです。

私たちはこの章ではまず、科学としての宇宙の見方がいかにして生まれたのか、そし

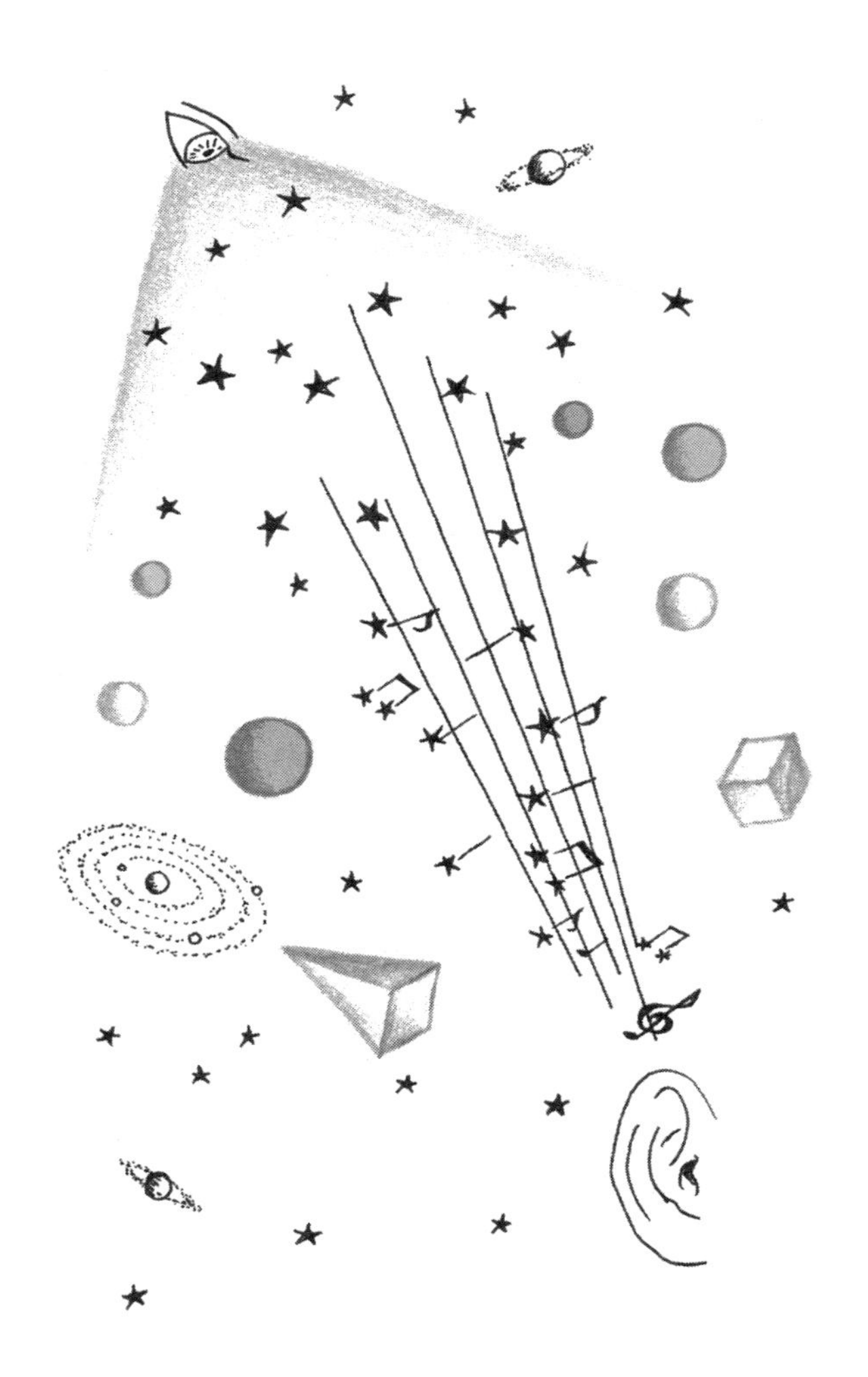

てそれがどうして哲学としての「宇宙と人間」という問いへとつながることになったのか、ということから考えることにします。

数学と音楽と宇宙の美

星空の世界を科学として考える。そのために、星の運行のあり方を一つのシステムと考えて、そこに数学的知識を活用する。その結果として、星空の世界を直接目に見える美の世界ではなく、音楽的調和の世界として感じるようになる――。

これがまず古代ギリシアの文明において独自な形で展開した考え方の大きな道筋です。さきほど、夜空のギリシア神話の星座がもっとも広く活用されるようになったのはどうしてか、という問いを立てましたが、その答えは要するに、ギリシアで発達した科学としての天文学こそが、今日まで私たちの標準となる天文学的思考法の祖であるので、その科学の基盤となったギリシア神話まで、共通の言語になったのだと考えることができます。

とはいえ、宇宙の星の姿から科学的、数学的システムを考案し、そこに音楽のような調和の美を見出すとして、それがなぜ「宇宙の中での人間の位置」という哲学の問題意識に重なるところまで進むのか。このことを理解するためには、いろいろな手段があると思いますが、ここでは古代ギリシアを代表する哲学者プラトンと、その師にあたるソクラテスの思想について学ぶのが、近道だと思います。というのも、そもそも「哲学＝フィロソフィー」という言葉を紀元前五世紀頃のギリシアで生み出したのが、この二人の哲学者であったからです。彼らはどうやって神話から科学へ、そして科学から哲学へ、という道筋を進んだのでしょうか。

まず、「哲学」という言葉ですが、この日本語はいうまでもなく漢字で書かれています。しかし、これはもともと中国や日本にあった古い言葉ではありません。この言葉は江戸時代末期から明治時代初期にかけて、西周（にしあまね）という人が、西洋の「フィロソフィー（Philosophy）」という言葉を翻訳しようとして、新しく作り出した和製の漢語です。西は江戸末期の幕府からオランダに派遣されて、当時の西洋の学問の全体像をしっかりと学び、それを日本語に翻訳して紹介するよう求められました。一九世紀中頃の西洋は、産業革命や資本主義経済が大規模に発達するとともに、科学や技術の領域でもきわめて専門的な知識が体系的に組織化されていて、世界の文明の中心になっていました。

これにたいして日本は、江戸時代末期までの約三〇〇年間、外国との通商や学問の移入を禁じる鎖国状態にありましたから、西洋の学問の全体を習得し、それを紹介するという西の使命は、非常に大きな困難を伴ったものでした。しかし彼は当時のヨーロッパで出版されていた「百科事典」などの資料を積極的に活用して、哲学、物理学、化学、生物学、医学、数学などあらゆる分野についての紹介を行うとともに、それぞれの学問分野での基本的な用語や概念をも日本語に置き換えて紹介するという、ある意味ではきわめて驚異的な作業を成し遂げたのです。しかも西は西洋の諸学問の中心には、「哲学」という、これまで東洋では考えられてこなかった学問の見方があり、それが一切の科学の分野の基礎になっているということを明らかにしました。彼は哲学の中で使われる基本的な用語（たとえば「観念」とか「実体」など）についても、日本語での表記を考えましたが、彼の用語法はそのまま当時の東アジアの共通の言葉となったので、哲学の主要な用語（和製の漢語）はいまでも中国と日本で共通です。

さて、西は「フィロソフィー」という西洋の言葉を「哲学」という日本語に移し替えたのですが、この哲学という意味での「フィロソフィー」という言葉そのものを生んだのが、まさしくソクラテスとその弟子のプラトンです。古代のギリシアの言葉では、「フィロ」は「愛する」を意味していて、「ソフィア」は「知恵」を意味しています。そこで、ギリシア語で「フィロソフィア」は「知恵を愛すること」を意味します（英語での「フィロソフィー」、ドイツ語での「フィロゾフィー」などは、この言葉を受け継いでそれぞれの国語の発音に置き直したものです）。

もう少し詳しくいうと、ソクラテスやプラトンは「フィロソフィア」という言葉そのものを作ったのではありません。この言葉は彼ら以前には、ギリシア語で「知りたがり」とか「好奇心」を意味していました。それを別の意味に変えて、「知恵を愛すること」という特別の言葉に作り変えたのが彼らなのです。

「知恵」とは何か？

それでは、ソクラテスやプラトンのいう「知恵」とは何でしょうか。それはいわゆる「知識」のことでしょうか。私たちはいろいろな科学を学んで、豊富な知識をえます。

もしも知恵が知識のことであれば、「知恵を愛すること」は「知識を愛すること」ですから、少し乱暴にいえば、哲学とは科学のような知的探究のことだということになりそうです。

ソクラテスやプラトンはそういう意味で「哲学」という学問を作り出したのでしょうか。そうではありませんでした。そして、ここに科学と哲学との非常に微妙な関係が隠されているのです。哲学は科学なしには誕生しなかった。このことは間違いがありません。しかし、哲学は科学とは別の、独特な知的探究として考えられた。あるいはむしろ、科学の発展だけでは、知恵はえられないのではないかという反省から、哲学が生まれた。

彼らの「哲学＝フィロソフィー」という言葉の創造には、このような複雑な考えが潜んでいます。そして、このことが、この本でのこれからの議論にとって、とても大事な点になります。

まず、ギリシア哲学の祖ともいうべきソクラテスと、科学との関係は次のようなものでした。先に見たように古代ギリシアでは、神話や宗教の語る宇宙像とは別の、科学的な宇宙像として、地球を中心にした惑星の運動システムという新たな見方を生み出したのですが、このような天文学の発想が初めからギリシアの科学の原型だったというわけではありません。ギリシアの科学の原型は、「自然界の物質とその変化は、何を原因にして生じるのか、あるいは、何を元素として生じるのか」、という問いの形をとりました。

神話の世界では海も川も山も谷も、神々が創造し、人間がそこに住んで神々とのさまざまなドラマを演じていきます。しかし、次第に自然をそうした神や人間の産物とは考えないで、あくまでも石や水や火などの物質からなる「自然界」と見る見方が出てきます。これが、ギリシアにおける科学の最初の形態でした。自然界を形成する物質の元素、そしてその変化や運動の原理、原因は何なのか。そう問うところから、神や人の意図や行動を離れた、科学としての自然の見方が生まれます。そしてギリシアの科学者たちは、自然世界の原理や原因を世界の「アルケー（究極原因、あるいは究極の元素）」と呼びました。

たとえば、ターレスという紀元前六世紀の科学者は、「世界のアルケーは水である」といいました。つまり、自然界のあらゆる現象を作り出している根源は、水の作用だということです。同じころのヘラクレイトスは、「世界のアルケーは火である」といいました。そして、少し後のデモクリトスは、「世界のアルケーは原子＝アトムである」といいました。アトムとは分割できないものという意味です。つまり、世界はそれ以上小さい部分に分割が不可能な、究極の物質の単位である原子からできていると考えたのです。この考えは、私たちの現代の物質観にも決定的な影響を与えていることが、すぐにお分かりいただけると思います。

さて、古代ギリシアの哲学を代表するソクラテスの「哲学」は、このような古代ギリシアの科学的探究の発展を背景にして、誕生したものです。世界はたしかに、科学者のいうアルケーによって生まれたり、動いたりしているのかもしれない。世界を構成している物質の単位は原子であるかもしれない。それは間違いなく非常に重要な知識であるにちがいない。しかし、これだけで世界の説明はすべて十分だといえるのだろうか。むしろ、このような説明だけでは、何か決定的に重要なものが抜け落ちているのではないだろうか。

私たちにとっては、科学的知識以外にも、もっと重要な知恵が必要なのではないのか

――ソクラテスによる哲学という学問への呼びかけは、このような発想から出てきたものです。よく考えてみると、自然界を物質の要素によって説明する科学だけでは、十分な「知恵」であるとはいえない。なぜなら、私たち人間は、原子の塊でできているというよりも、むしろそのような知識を求める「魂」、あるいは「精神」を中核とした、人格だからです。

そもそも人間の魂の働きがなければ、科学が教える知識というものはありえないだろう。世界についての知識が成り立つのは、それを生み出す魂の活動があるからに他ならないだろう。しかも、魂は物質的な原子のようにただ離合集散を繰り返す、微細な運動体ではなくて、何が正しく、何が誤っているかを反省し、熟考する力をもった一つの特別な存在である。いいかえると、魂は何が科学的に真で、何が道徳的に善で、何が芸術的に美であるかを考える力をもった特別のものである。そうだとすれば、私たちは自然世界の構造や性質にかんする知識を得るよりも前に、まず、それを追求することのできる魂の能力について徹底的に吟味し、それが判定する真・善・美の意味についても、十分にしっかりとした理解を身につける必要があるのではないのか――。

ソクラテスが考えた「知恵を愛すること」としての「哲学」とは、非常に単純にいうと、この魂をめぐる反省、「魂への配慮」ということです。彼はこの反省作業がそれ自体、科学的探究とは独立の、一つのきわめて重要な知的探究であることを強調しました。そして、そのテーマが具体的には、「魂の能力への批判的な吟味」と、「魂が本来求めるべき価値への問い」という、二つの大きな柱からなることを示しました。人間の魂の能力とは、世界についての真理を探究するとともに、われわれの行動の善悪を判断する能力です。そして、魂の求めるべき価値とは、われわれが判断する善悪の究極のもののことです。

ソクラテスが哲学に託したこの二つの課題は、彼以降現代の私たちの時代の哲学にまで、ずっと一貫して伝えられている、哲学のもっとも基礎的なテーマです。彼はたんに「フィロソフィー」という言葉に新たな意味をつけ加えたのではなく、まさにその根本的な課題を根底まで見抜き、その課題の意義と重みとを明確に浮き彫りにしたという意味で、歴史の中に哲学という学問の誕生をしっかりと刻み込んだのです。その意味でソクラテスは、古代のギリシア人やローマ人にとってのみならず、二五〇〇年近く後に生きる私たちにとっても、哲学という知的探究の創始者なのです。

なぜ哲学は宇宙の中の人間の位置を問うのか?

それでは、魂の能力の吟味と、魂が求めるべき価値への問い、という二大テーマから出発した哲学が、なぜ、本書で理解しているような「宇宙の中での人間の位置」という意味へと深められたのでしょうか。なぜ、哲学は魂を問うという課題から出発して、宇宙を前にした人間の運命を考えるようになったのでしょうか。それには、ソクラテスという師の思想を継承しつつ、それをさらに思索的に深めていった、プラトンというもう一人の哲学者の独創的な考えが関係してきます。

ソクラテスは、古代ギリシアの都市国家(ポリス)のなかでも経済的にもっとも豊かで、文化的にも高度に発展していたアテナイ(現在のアテネ)というポリスで活躍した哲学者でした。彼は自分の考える哲学的反省という営みを、この国の次代を担う有能な青年たちとともに発展させようとして、公の場でさまざまな「哲学的問答」を繰り広げていました。プラトンはアテナイの有力な家系に属する家族に生まれ、この都市国家の政治家としての将来を期待された青年でしたが、多くの青年たちに熱心に哲学を教えるソクラテスの思想と人柄とに非常に強く惹かれていました。ところが、驚くべきことに、そのソクラテスが、突然に国家によって投獄され死刑を言い渡されたのです。投獄の理由は、ギリシアの正統的な宗教思想から逸脱した奇妙な思想を青年たちに吹き込んで、社会を乱しているということでした。

私たちはソクラテスの断罪と処刑をめぐるこの間の事情について、弟子のプラトンが後に書いた『ソクラテスの弁明』や、イソクラテスという別の人の書いたもう一つの『ソクラテスの弁明』という本によって、ある程度は知ることができるのですが、ともかく、プラトンは自分が心から尊敬する哲学上の師であるソクラテスが、国家の手によって社会的に葬られたという事実に、最大級のショックを受けました。三〇歳前であったプラトンはそれから、アテナイの政治家になるという当初の道を断念して、エジプトやイタリアを含む地中海全体を広くめぐって、人生についてもう一度考え直してみるという旅に出ました。この思想的な遍歴は結局一二年の長きにわたりましたが、アテナイに戻った彼は、郊外に「アカデメイア」という名前の学園を開いて、彼自身の哲学を教えることを始めました。皆さんもご存じの通り、アカデミーという言葉はいまでも、いろいろなところで学園という意味で使われています。その元祖となったのが、プラトンのこのアカデメイアです（毎年の華やかな授賞式で有名な映画のアカデミー賞は、「映画芸術科学アカデミー」というアメリカの団体が与える映画賞です）。

数学と哲学

さて、プラトンが開いた哲学の学園の門には、次のような文字が書かれていました。「数学を学ばざる者この門に入るべからず」。アカデメイアは世界最古の哲学学校ともいうべきものですが、プラトンは、数学こそが哲学を学習するための第一のステップとなるという精神の下で、その学校を開いたのです。ソクラテス自身は科学との緊張関係の下で、哲学という新たな学問を創始しようとしました。これにたいして弟子のプラトンは、哲学とは数学を修めた者が、その先に学ぶべき、もっと高度な、もっと深い学問なのだ、という考えを提唱しました。哲学が「魂への配慮」というソクラテスの考えから出発しつつ、その後の歴史の中で「宇宙の中での人間の位置」への問いという形に深められていったのは、数学を重視するプラトンのこの発想のおかげです。

　それでは、数学が哲学的な思索への準備となるという彼の発想はどこからきたのでしょうか。これについてはいろいろな説明がありうると思いますが、一般には、プラトン自身がこうした発想をとるようになったのは一二年間に及ぶ学びの遍歴のなかで出会った、ピュタゴラス派の思想の大きな影響のせいだと考えられています。ピュタゴラス派とは、古代ギリシアの数学者ピュタゴラスを中心に作られていた、一種の神秘思想のグループです。

　数学者の作ったグループが神秘思想のグループだというのは、何だかおかしな話のようにも思えます。でも、このグループの人びとは、数学を学ぶことが「魂の浄化」になると、本気で考えたのです。歴史上ギリシアの数学者としてもっとも偉大な学者とされるのは、プラトンとほぼ同じ時代に、幾何学についてのもっとも体系的な著作を作って、西洋の数学の歴史に最大級の影響を及ぼしたユークリッドという幾何学者です。しかし、ピュタゴラスはこのユークリッドにも劣らぬくらい、数学的にも哲学的にも大きな影響を及ぼした数学者です。

読者の皆さんのなかには、「ピュタゴラスの定理」という定理をご存じの方も多いのではないかと思います。この定理では、直角三角形の辺について、「斜辺の長さの二乗は他の二辺のそれぞれの二乗を足したものに等しい」、と言われています。この定理について、学校でその証明を習った人も少なくないでしょうね。皆さんはこの定理の「証明」をすぐに書くことができるでしょうか。

たぶんこの定理についてよく知っている人でも、証明までは難しいと考える人もいるかもしれません。ともかく、この定理は直角三角形についての一つの真理を述べたものですが、三角形などの「図形」を扱うこの学問は、「数」を扱う学問（算術）と並ぶ数学の一部門として、幾何学と呼ばれます。幾何学では、このピュタゴラスの定理がそうであるように、三角形の三つの辺の長さの「比例関係」を問題にしています。つまり、ピュタゴラスやユークリッドが考えた幾何学のイメージでは、長さや大きさの「比例関係」を考えることが数学的思考の核になるのです。

しかも、この定理の内容も大事ですが、それが「定理」だということ、そして定理として「証明される」ということも、比例の重視と同じくらいにとても大切だと考えられています。直角三角形の三辺の長さの関係を述べたこの定理は、点や直線についての「定義」や、平行線や直角についての「公理」を使って、論理的に証明されているので、まったく間違いの余地がない。その真理には疑問の余地がない。それは完全に確実な、永遠の知識だ――。

数学の世界では、まず何よりも、あらゆる長さや大きさにかんする、相互の「比例関係」が研究されている。しかも、その研究の結果は、疑うことのできない永遠に確実な真理として証明されている。驚いたことに、ピュタゴラス派の人びとは数学、とくに幾何学にかんするこうした特殊な性格に注目して、そこから人間は数学的探究を通じて「魂の浄化」を達成することができるという、非常に特異な思想を生み出したのです。

数学上の真理は永遠の真理です。そして人間は魂と肉体からできていますが、肉体は死によって滅んでも、魂は不滅です。そこで、数学的真理の永遠性に触れることで、私たちは自らの本質である魂の永遠性をより身近に感じることができるようになるでしょう。

それだけではありません。まさしく数学が扱う「比例」こそが、魂が自らを清めて向かうべき「美」の世界を、感覚的に実感できるようにしてくれるのです。というのも、よく知られているように、音楽を奏でるために使う竪琴を見ると、それを作っている弦どうしの長さの比例関係や、それを演奏するときに押さえる弦の長さの調節から、オクターブやさまざまな和音という「調和（ハーモニー）」の世界が生み出されてきます（オクターブには下のドから上のドまで、八つの全音があって、音同士の間隔が全音と短音の組み合わせでできています。この数学的なシステムのなかで、ドミソやシレソなどの和音が生まれるのですから、和音とは数のシステムのなかの調和ということになります）。

したがって、数学的な比例の世界は、音楽的な調和の世界と非常に密接に結びついている。あるいは数学の世界とは音楽の世界そのものであり、それは世界のなかにある調和の姿を、目や耳を通して私たちに教えてくれる学問に他ならない、ということになるのです。

数学者ピュタゴラスを始祖とするピュタゴラス派の人びとは、紀元前五世紀から四世紀にかけて、南イタリアの都市タラスなどを拠点とした共同生活を行っていました。彼らは数学と音階論の統一を求めるなど、学問的な探求を行う一方で、さまざまな食餌療法などを考案して、「魂の浄化」ということを、身体のレベルでも追求しようとしていたようです。プラトンは遍歴中に、このタラスを代表する政治家にして哲学者であるアルキュタスと親しくなり、深い親交をもったといわれていますが、その影響は彼の数学を基礎にした哲学的探求という根本的な姿勢に、はっきりとした跡を残したのです[2]。

プラトンの哲学では、まず魂の永遠性ということが、明確に謳われています。しかし、それ以上に決定的な思想として、後代の哲学者たちにも非常に強い印象を与えたのは、宇宙全体が確固たる数学的構造をもち、それゆえに鮮やかな芸術的調和を体現しているという、その調和の思想によってでした。彼はピュタゴラス派の人びとのように、数学＝音楽の追求から一直線に魂の浄化が可能になる、と考えたわけではありません。むしろ、宇宙の数学的構造と魂の働きとは、それぞれ別々に探究されるべきではあるが、最終的にはそれらが同じ構造をもっていることに、われわれは目を開く必要があるのだ——プラトンの哲学の核心にはこのような考え方があります。

彼は数学者ピュタゴラスよりももっとずっと丁寧な議論を重ねることで、宇宙の構造と人間の本性の関係について、きわめて深い洞察を見出すことができました。彼の哲学に接することのできた古代のギリシア人は、このような数学的であると同時に哲学的でもある発想を徐々に身につけることによって、古代世界の他の文明では見られないような、惑星の運行システムというアイデアを発明し、科学としての天文学を決定的に進展させるとともに、そのシステムを動かす宇宙的な「魂」の力について考える、哲学という学問の役割に目を開くことができたのです。

ドラマ仕立ての哲学問答

それでは、プラトンが考えた宇宙を支配する惑星の運行のシステムのモデルと、それを動かす「魂」の理論について、少し丁寧に順番に見ていくことにしましょう。

プラトンの書いた著作はたくさんあります。そして、その多くは日本語で容易に読むことができます。彼はアテナイを離れた遍歴時代に、ソクラテスを主人公とした哲学的問答という形式の作品を書き始めましたが、アテナイでアカデメイアという学校を開校してからも、著作活動を積極的に行い、自分の思想をどこまでも深めていくという作業を続けました。哲学的問答という形式の作品というのは、登場する何人かの人が哲学のいろいろなテーマについて、お互いに問答を交わし、意見をぶつけあいながら、段々とそのテーマの中心問題をはっきりさせたり、それまでの自分たちの勘違いに気づいていって、最終的に問題解決への道筋に一定の見通しを得ようとする、一種のドラマ仕立ての作品です。哲学的問答というと何となく難しい感じがしますが、要するにプラトンの著作は、私たちのいう「戯曲」や「劇」の形をしていると考えればわかり易いと思います。

そして、プラトンの作品では、お互いの問答を通じて進行するそのドラマの中心に、つねにソクラテスという人物がいて、登場人物の思索を励ましたり、場合によってはその人物の思い込みをからかったりして、ストーリーを引っ張っていきます。そのソクラテスのセリフは、プラトンの師であった歴史上の実在のソクラテスが、本当に語った言葉ではないのかもしれませんが、いかにもソクラテスらしい楽しいウィットと鋭い思索にみちています。プラトンが作ったソクラテスの哲学的問答のドラマは、もちろん第一級の哲学のテキストですが、同時に第一級の文学作品であるともいえます。私たちは、ソクラテスたちの世界とは、時代もまったく違う東洋の国に住んでいますが、古代のソクラテスとその周囲の人びとのドラマを読むことで、古代ギリシアの哲学ワールドにやすやすと溶け込むことができます。プラトンの書き方はとてもいきいきとしているので、地域や時代の大きな違いを忘れてしまうくらいの迫力をもっているのです。

さて、プラトン全集は何巻からもなる大部なものですが、その中でも彼の天文学的思想を述べた代表的な著作として、『ティマイオス』という本があります。そして、彼の魂論はその哲学的著作の多くで語られていますが、とりわけ体系的な体裁のもとに、詳細にわたって議論しているのは、この本よりも少し前に書かれたとされる、『国家』という作品です。ここではプラトンの哲学的著作を代表するこれら二つの中で展開されている議論の非常におおざっぱな輪郭を示して、「宇宙はどうしてこんなに美しいのか?」という私たちの問いにたいして、彼がどう答えるかを確かめることにします[3]。

創造神デミウルゴス

まず、古代のローマ時代でも中世のヨーロッパの時代でも、プラトンの一番重要なテキストと考えられたのが『ティマイオス』という本なのですが、この本にはこの宇宙が誰によって、どんな仕方で作られたのか、という宇宙創成の話が書かれています。

「私たちの住んでいるこの宇宙は誰によって、どんなふうに作られたのだろうか」――これはもちろん、古代のどの文明でも問われ、語られた「世界創造」の物語です。それは神話の世界において典型的に語られる物語のテーマであり、日本神話では日本という世界はイザナミ、イザナギノミコトによって作られた。あるいは旧約聖書の世界では神が「光あれ」と言ったとき、世界が生まれた――。

プラトンの『ティマイオス』も一見したところ、これらと似たような物語のスタイルをとっていますが、その物語の説明しようとしている世界の性質がまったく違います。この物語では、この章で何度も強調しているように、私たちが夜空を見上げたときに「目に見える」、星座の世界についての創造の物語ではなくて、「目には見えない」が、よく分析してみると知的に理解されてくる、恒星や太陽や月や惑星どうしの運行システムについての、創造の物語が語られるのです。

この対話篇(へん)(劇)のストーリーは、アテナイに住むソクラテスとその友人とが、南イタリアとシチリア島から来た二人の客人によって、宇宙の成り立ちや伝説の王国アトランティスについて教えてもらう、という設定になっています。客人の一人ティマイオスは、天文学について深い知識をもっているので、ソクラテスたちは、まずこの宇宙がどうやって作られたのかを語ってくれるよう、ティマイオスにお願いします。そして、そのティマイオスの語る宇宙創成の物語によれば、この世界は、デミウルゴス（建築家、工作者）と呼ばれる神様が、混沌（こんとん）の世界（カオス）を調和の世界（コスモス）へと大転換するべく頭をひねった結果、生まれたというのです。

ティマイオスが宇宙創成の物語を教えるために、宇宙の作者として紹介するデミウルゴスは、世界をもっとも完全で美しいものにするために、最大限の力を発揮しようとする神です。デミウルゴスは、ゼウスをはじめとしてギリシア神話に登場する無数の神々の一人ではなく、宇宙創成という科学的・哲学的な思索のために導入された「宇宙設計者」という特殊な神です。この神の作る宇宙は、われわれが考えられるかぎりでの完全な統一体、コスモスです。その理由は、彼自身が善なる神なので、不完全で偏りのある世界を作ろうと欲することは、彼自身の本性に逆らうことであり、できないからです。とはいえ、この善意の神にとっても、この宇宙をまったく傷のない、完璧に完全で美しいものにすることは、それほど容易なことではありません。というのも、この宇宙は、純粋に幾何学的に完全な図形や比例からできている、たんなる形式的で抽象的な世界ではなくて、目で見たり手で触ったりすることのできる、具体的な物質から成る世界なので、頭の中に描き出した美しいイメージだけでは、コスモスを生み出すことはできないからです。

そのために、デミウルゴスはまず、カオスを作っている物質的な素材についてよく考え、それが本来数学的な調和を受け入れるべき性質をもったものであるかどうかを、はっきりとさせます。これはつまり、この宇宙がまったく純粋に完全な調和の世界ではないとしても、それによく似たものであり、完全なものの「模造」である、あるいは「似像（にすがた）」になりうる世界であるということを、しっかりと理解するということです。

デミウルゴスは次に、このような完全なものの模造品となりうる性質を備えた宇宙が、結果的に一方では、完全なもののもつ美しさを保ちながらも、他方では、不完全性や不統一という性質をもったものになっていることを、実際の宇宙の中に現れる星々や天球の運動の説明を通じて明らかにします。いいかえると、私たちのこのコスモスは、純粋な完全性と相当な不完全性、混乱という性質を、両方とももちあわせた、両面的なものだということです。ティマイオスがデミウルゴスという神様の作業に託して説明するのは、宇宙のこの両面性こそが恒星天の美しさと、惑星のシステムの複雑な動きという、夜空の世界の二重の性質に直結しているということです。

宇宙の数学的な「美」はどうやって生まれたのか？

まず、この世界がわれわれの純粋な知性が理解するような、形式的な世界、数学の世界の中に現れるもの、幾何学の対象としての完全なものからできているような、そういう透明な世界ではなくて、人間身体の感覚器官を通じて接することになる、物質的なものの世界であることは、この世界が流動的で、変化しやすく、けっして永遠的な安定性をもってはいないことから、容易に見てとることができます。しかし、それでもなお、私たちの世界には、宇宙の本来の完全性を受けいれる素地が、まだ残されています。『ティマイオス』ではこのことが、次のような理屈によって説明されます。

私たちの現実の環境世界は、目で見ることができるためには、光を発す必要があるので、その基本的題材は「火」であると仮に想定することができます。さらに、この環境世界は手で触れることもできるためには、固いものである必要があるので、その基本的素材は「土」であると、これも仮にですが、想定することができます。すぐ分かるように、こうした発想は、ソクラテスが問題にしていた、古代ギリシアの科学的発想の延長にある考え方です。しかしながら、プラトン＝ティマイオスが気にするのは、これらの火や土は、それだけでは互いにあまりにも異質なので、そのままで組み合わせによって物質世界を作ることはできないのではないか、ということです。

たしかにこの世界が変転きわまりなく、次々と姿を変えるためには、火が土になったり、土が火になったりするように、物質的な対象の変化が実際に起こっていなければならないでしょう。とはいえ、これら二つはそれだけを見るとあまりにも異質なので、火や土が組み合わせによって一つのグループとなり、相互に交換可能になるためには、それらを媒介して、中間項の役割をはたし、それによって二つを結びつけるような、別のものがさらに二つくらい必要だろうと思われます。それらはこれも仮に、空気や水であると考えることができますが、しかし、厳密にいえば、四つの要素が互いに比例関係に立ち、互いの関係を明確な仕方で確保するためには、やはり、火、空気、水、土の本性を数学的にも表現できなければならないはずです。

そこで、ティマイオスはまず、これらの四元素は本当は、正多面体の四つの種類なのではないのかという、きわめて独創的な考えを提起します。正多面体というのは、正三角形や正方形、正六角形など、それ自身が同じ長さの辺からなる、左右対称の図形からなる面を組み合わせてできる、サイコロやサッカーボールのようなものです。つまり、自然界の物質は、正四面体、六面体、八面体、一二面体という、四つの非常に均斉のとれた立体によってできていると考えれば、われわれが住む変転きわまりなく、流動的なこの物質世界の中にも、天上的な調和の似像が生まれる基盤が確保されるというわけです。それはまた一方では、物質的要素の組み合わせや、入れ替わりなど、事物の流動的変化を説明するためにも、比例的な調和という数学的基盤が必要だ、ということです。

宇宙の設計者にして製作者であるデミウルゴスという神は、このように私たち人間が視覚や触覚を通して確かめている、物質的な要素の中に、数学的な図形どうしの調和的な関係が働いていて、そのために自然現象を科学的に分析することが可能なのだと考えるわけですが、この神はたんに世界の素材について、こうした理解をもっているだけでなく、そうした物質でできた「宇宙全体」の構造や形状、運動と変化そのものも、本来同じ原理にのっとって作るべきだと考えます。

つまり、宇宙の各部分だけでなく、それらをすべて含む宇宙の全体、全世界のメカニズムが、このような数学的な図形の形と数の関係をもとにして、作られなければならないと考えます。プラトンの説によれば、宇宙はまさしくデミウルゴスのこの洞察にもとづいて、カオスからコスモスへと秩序づけられたがゆえに、全体としての驚くべき統一性、その運動変化の完璧さ、さらにはさまざまな側面での複雑な調整からもたらされる美、という見事な性質を備えたものになったというのです。

いくつかの正多面体はそれぞれが一定の美しさをもっているだけでなく、それらどうしが入れ子状に組み合わされることで、複雑なメカニズムをもつことができます（入れ子状というのは、ロシアの人形のマトリョーシュカのように、立体を次々と重ねた状態のことです）。四種類の正多面体の辺の長さや頂点の数を考えると、そこには1、2、4、8、3、9、27などの、数の列が現れます。これらは、まさしくピュタゴラス派の人びとが強調したように、竪琴の弦における和音を生み出す長さの比例関係に対応しています。

そこで、正多面体どうしの関係を、さらに厳密な数の比例関係の下で理解できるようになるならば、私たちは最終的に「宇宙の音楽」という、もっとも精妙で、もっとも知的に純粋な、調和の美を体験できるようになるであろうと、期待することができるのです。

惑星が生み出す私たちの「時間」

『ティマイオス』のなかの登場人物である天文学の専門家ティマイオスは、ソクラテスたちに向かって、世界創成神であるデミウルゴスの考え方がこのようなものだから、宇宙は非常に統一性のとれた、完成度の高いものになっている、と説明します。といっても、彼はこのような考えに従って、実際に恒星天や太陽、月、惑星からなるさまざまな天体の運行が作り出すメカニズムを、数学的に厳密に解明して、それによって「宇宙の音楽」のメロディーを私たちに直に経験させてくれるところまでは、話を進めません。

彼が語るのは、ただ、神であるデミウルゴス自身が「イデア」としての数学的な形と数を知性的に捉え、それを「モデル（模範）」にして、天空の運動や太陽や惑星を作り出したのだ、という図式に沿った、恒星天と惑星系の運動にかんする大まかな図式だけです（プラトンについて少しでも学んだことのある人であれば、誰でもよく知っているように、「イデア」という言葉はプラトン哲学のもっとも基礎にある最重要のキーワードですが、この本では彼の哲学の全体像を伝えることが主題ではないので、詳しく説明することは控えます。ここではただ、イデアはイデア界という、この現実の世界とは別の世界にあって、私たちのこの世界にある無数の事物――机や椅子、家や乗り物など――それぞれの原型となり、模範となるような、完全な存在のことだと理解していただければ十分です）。

それによると、まず、恒星によってびっしりと埋め尽くされている恒星天は、完全な球体をしていて、それに属する一切の恒星は最高度に完全な運動である円運動を行っている世界として作られる。というのも、さまざまな同じ直径をもつ多面体のなかでも、球がもっとも体積が大きく、もっとも滑らかに運動するものであることは明らかだからです。天空の円運動はしたがって、完全性のイデアを参考にして宇宙を作ろうとするデミウルゴスの手によって、完全な運動体である恒星天が永遠の運動を繰り広げている世界として現出させられる。

一方、これにたいして、太陽や惑星からなる地球に近い星の世界は、完全な運動体の永遠運動ではなく、それの「似像」、ないしそれの「影」ともいうべき、複雑な軌跡からできているものになる。つまり、私たちに近い星の世界には、永遠性ではなく時間というものが属することになる。というのも、私たちは太陽の年周運動や、月の満ち欠けにもとづいて、季節や日時を知ることになり、それによって時間という観念を身につけることができるからです。その意味で、太陽や惑星の世界は、恒星のようなもっとも完成された事物からなるとはいえないが、それでも無秩序なカオスではなく、十分に調和と均整のとれたコスモスであり、その中で時間という秩序を生み出す、数学的な比例構造を内蔵しているものとして、作られている。私たちはまだ、その比例構造を徹底的には理解していないが、探究を続けることでいずれそのメカニズムの秘密が明らかになるのは、まったく疑いがないであろう――。

宇宙の調和と人間の魂

ソクラテスの客人であるティマイオスは、デミウルゴスの世界創成の作業をこのような仕方で述べていますが、私たちが古代ギリシアの代表的哲学者プラトンのユニークな思考において、宇宙にかんする天文学的探究の形成と、哲学的な反省が同時に成立したことを確認できるのは、まさに以上のような議論とその帰結とを見ることによってなのです。

まず、右にスケッチした宇宙創成のドラマは、非常に粗削りな形ではありますが、ギリシアで発展することになった天文学の基本的な青写真を提供したという意味で、歴史的に見てもきわめて大きな意味をもっています。

たしかに、『ティマイオス』のプラトン＝ティマイオスによる恒星天、太陽、月、惑星系の分析は、基礎的なアイデアを並べただけで、本格的な天文学にはほど遠いものがあります。しかし、この欠点はそれほど深刻なものだというわけではありません。というのも、プラトン以後のギリシアの科学では、まさしくこのアイデアを下敷にしつつ、緻密な天文学の理論化の作業を急速に進展させ、二、三世紀後には、他の古代文明とは比較にならないほど科学的に精密な天文学の体系化をなしとげることができたからです。つまり、星座などに頼った神話的な宇宙の理解から、科学としての天文学への脱皮が、以上のような数学的比例にもとづく宇宙構造の形成という発想によって、一気に成し遂げられることになったのです。

その成果は、たとえば、プラトンのアカデメイアでの弟子の一人で、後に本人も「万学の祖」と呼ばれるくらい、生物学から地学、天文学など、科学のあらゆる分野で最高級の成果を示した、アリストテレスという哲学者の宇宙像にも生かされていますし、それをさらに整備して、地球を中心とした地動説の天体運行モデルとしては、古代文明の中ではもっとも完成された形を作り上げた、紀元後二世紀のエジプト出身の天文学者プトレマイオスの宇宙モデルにおいても、大いに活用されているからです。これは西洋のルネサンス以前の世界の共通の理解である「天動説」の世界像としては、洋の東西を問わず、もっとも合理的で科学的な宇宙理解でありました。そのために、この天文学はオスマン・トルコなどアラビアの文明世界で大いに賞賛され、アラビアの後に文明的に繁栄を見ることになったヨーロッパにも移入され、キリスト教的自然像のもとでも、十分に信頼できる宇宙像であるとされたのです。

しかも、プラトンの提供した正多面体の多重構造というアイデアが、その真の意義を本当の意味で理解されるようになるのは、ルネサンス以降の地動説の登場以降のことだったという、もっと驚くべき事実があります。惑星の運行の構造は、正多面体どうしが入れ子状態になっていて、その間に数学的であるとともに芸術的でもあるような、特別の比例関係が成り立っているはずだ――『ティマイオス』に登場する神デミウルゴスは、こう考えて宇宙の構造を形成しました。しかし、このほとんど空想的とも思われるプラトン＝ティマイオスの考え方は、天動説を捨てて、この世界を太陽を中心にして考え、私たちの住む地球をその周囲の惑星の一つと考える、いわゆる「地動説」の誕生とほぼ同じ時期に、詳細な天文学上の観察データとの照合によって、古代世界よりもずっとしっかりとした形で、全面的に認められることになったのです。
無秩序なカオスから生まれたコスモスが調和の宇宙となるためには、正多面体の多重構造が関与する必要がある。この発想を、西洋近代の出発点の時代に、膨大な天文学的データの研究を通して、きわめて明確な形で証明して見せたのは、一七世紀ドイツの偉大な天文学者ヨハネス・ケプラーです。ケプラーはとくに、太陽を中心とした惑星の運行が、楕円軌道の形をしていることを発見した天文学者として有名ですが、彼の著作は『宇宙誌の神秘』や『世界の和声学』など、ピュタゴラス派の思想とプラトンの哲学とによって、支えられています。

　西洋近代科学の最大の理論家は一七世紀イギリスのニュートンです。彼の力学は地上の物体の運動にかんするガリレイの理論と、天体の運動にかんするケプラーの理論とを、大掛かりな仕方で総合することでできあがったものです。したがって、西洋の近代科学の柱の一方に、ピュタゴラス、プラトン、ケプラーという古代から近代へと貫かれた「和声学（ハルモニア）」の思想が生きていたのです。

プラトンの天文思想と人間論

それでは、プラトンの天文思想が、天文学としての価値とは別に、哲学という新たな学問の発展に大きな力を発揮した、ということはどういう事情なのでしょうか。じつは、私たちがいまその骨格だけを味わっている『ティマイオス』という本に、その意味が書かれています。

前のほうで述べたように、この本はアテナイ人のソクラテスとその友人が、イタリアやシチリアからの客人たちと対話を行っていて、宇宙の本質や人間社会の理想像を描いてみようという、非常に大きな構想の下でのストーリーなのですが、これまで見てきたティマイオスによる宇宙生成の話の前には、ごく簡単な形ですが、この対話があった前日にソクラテスが行った、理想社会についての青写真のような話がついています。

ソクラテスのこの話は、『ティマイオス』よりも前に書かれたといわれる対話篇『国家』の中で展開されている、プラトン自身の哲学思想の要約のようなものとみなすことができます。つまり、完全な調和へと向かう宇宙の構造の話の裏側には、そうした調和ある自然世界に生きる私たち人間の魂のあり方や、社会のあり方についての、独自な思想が息づいているというわけです。

ですから、私たちは数学的比例関係を梃にして、宇宙の示す驚異的な美的調和を思うことで、自ずから、そうした調和を強く感じることのできる人間のもっている「魂」の能力というものに目を開かれると同時に、宇宙の中で生きる人間という存在の本来のあり方へと目を開かれるはずだ――これがまさに、古代ギリシアを代表する哲学者プラトンの思想の核にある最重要の考え方だと思います。

『国家』はプラトンの対話篇のなかでももっとも大部な作品の一つで、彼の思想の集大成ともいうべき本です。この本のなかでプラトンは、彼の対話篇のいつもの主人公であるソクラテスの口を借りて、一方で私たち人間の魂の本性について語らせるとともに、他方では、そのような本性をもった者どうしが、互いに作用を及ぼし合うことで作り出す社会、つまり国家（ポリテイア）という政治的統一体についての、さまざまな考察を展開します。その意味で、この作品は政治哲学という哲学の分野でのもっとも有名な古典の一つでありますが、ここでは、その魂論を見ることを通じて、人間論としてのプラトンの思想について触れてみることにしましょう。

ソクラテスは、「知恵への愛」という意味での哲学の主題が「魂の世話」ということにあると言いました。プラトンは、師がその知恵の探求において科学者たちの求める「アルケー」の代わりに注目した、この「魂」というものがどのようなものなのか、ということをよく反省してみました。そして、魂とは人間をはじめとするあらゆる種類の生物がもっている、生命エネルギーのようなものであるだけではなくて、もっと世界の根本にかかわるような、世界の本質的な働きそのものを意味すると考えました。彼は魂とは、「宇宙の魂」から、人間どうしが作り上げる共同体としての「国家の魂」や、個人個人の人間のもつ魂まで、およそ存在するものすべてがその本来の姿を実現するために、どうしても備えていなければならない精神的な働きであると考えたのです。言いかえれば、人間は、その個人のレベルでも、共同体としての国家のレベルでも、宇宙が本来もっている魂と同じような特性をもっているはずだと考えました。

もちろん、ここで宇宙の魂というような奇妙な言葉を持ち出すと、私たちの通常の語感にとっては、なんとなく違和感が生じるにちがいありません。宇宙に魂があるとしたら、宇宙はまるで地球上のネコやイヌのように、生きて運動する動物みたいなものになってしまうような感じがします。しかしプラトンは、よく考えてみれば、宇宙はまさしく生きて運動する、動物のような巨大な全体であることが分かる、と考えるのです。というのも、私たちはこれまで、宇宙の中に見出される驚くべき調和にみちた数学的構造ということにもっぱら注目してきたのですが、宇宙はただたんに、数学的構造という骨組みのようなものからできているわけではありません。それは数学的構造を保ちつつ、現実に永遠に運動し、刻々と姿を変えていく、まさに巨大な生き物に他なりません。それは超大掛かりな時計仕掛けの機械であるという以上に、想像を超える複雑さと、深い感動を呼ぶ生き生きとした力の働きが感じ取れるような、生命力をもった何者かです。それゆえに、私たちは宇宙を動かす魂のようなものを考える、という発想をもつことができるのです。

宇宙とはまさしく極端に大きなコスモスであり、生きた力を発揮して、数学的調和の姿を刻々と体現しているマクロコスモスです。そして、これに呼応するような意味で、われわれ人間は、宇宙の全体がもっとも小さな形で再現されたミクロコスモスです。宇宙全体としてのコスモスも、その最小単位としての人間というコスモスも、さらには人間どうしが作り上げる社会や国家も、いずれもコスモス、つまりきわめて高度な秩序を備えた組織、驚くべき調和のとれた体系的世界という、独特の価値をもっていなければならないでしょう。コスモスがそのような世界であることは、これまで見てきた宇宙論が証明しようとしたことですが、同じ発想のもとで、人間の個人の精神や、社会全体の精神についても、その高度な調和や秩序の可能性が、説明できるのではないか——。ここに宇宙への洞察から、人間の本性やそのあるべき姿への反省へ、という哲学的思索のための突破口が開かれるのです。

宇宙論と倫理学と政治哲学

プラトンはこうした考えのもとで、人間の心の働きの洞察を一つのコスモスのようにとらえる見方から、人間が本来もっている「徳」のあり方の理解や、社会の構成の原理の分析を通じた「正義」の理解が導かれると主張しました。『国家』の理論体系と、それを下敷きにした『ティマイオス』の宇宙形成論では、自然全体の形成原理を説く哲学は、同時に人間の道徳原理を明らかにする倫理学であり、社会の正義の原理を明らかにする政治哲学でもあると考えられています。つまり、プラトンは、宇宙の探究が自ずから人間の精神と社会の正義の理解へとつながっていると考えたのです。そしてこれこそが、宇宙への反省が同時に体系的な哲学の誕生を促すことになるという、古代ギリシアを代表するプラトンにしてはじめて可能になった、人間の思索の本質をめぐる非常に鋭い直観です。いいかえれば、これこそがまさに、科学と哲学の同時創造ということであり、それを一気に成し遂げたのがアカデメイアの開祖としてのプラトンの思想だったのです。

『国家』というプラトンにとっての主著ともいうべき大きな本の中では、倫理学と政治哲学にかんして、次のようなことが語られます。

人間精神の三区分

まず、私たちの魂、つまり精神とか心とか呼ばれる思考したり、感じたり、思ったりする働きは、ふつうには一個の働きであり、統一された機能だと考えられていますが、プラトンはそう考えません。人間の魂は本当は三つの部分が合体した、複合的で多層的なシステムだと考えます。魂の「欲求的部分」は何かを欲し、何かを手に入れることを求めます。「気概的部分」は勇気を発揮して、自らの名誉を獲得したいと意志します。そして「知性的部分」は、物事を深く考え、何が善で、何が美であるかを判断します。

プラトンの魂論はこのように、現代の脳科学と同じように、われわれの心の構造がハイブリッドなものだと見るわけですが、こうした精神の多層説からは、さまざまな心の葛藤や、欲求と知性の対立など、心の複雑な動きについての柔軟な説明が得られます。さらに、人間の徳ということを考えれば、欲求には節制が必要であり、気概には正しい勇気が必要であり、知性には優れた思考力が求められることは明らかです。人間がその本来の徳を発揮するということは、したがって、これらの三つの美徳を調和のある状態で保つことだという洞察が得られます。魂の三つの部分がそれぞれの長所を発揮して、調和ある全体へと至ること。これをプラトンは私たち人間の「内なる正義」の実現と呼びます。私たちはそれぞれ各人の能力の範囲に応じて、それぞれの内なる正義を目指すことが倫理的に求められているのです。

そして、個人の倫理的価値がこうした内なる正義の実現によって判断されるとすれば、人間が互いに共存することで生まれる共同体の正義、つまり外なる正義は、社会の構成にかんする同様の三区分によって理解されます。プラトンの生活していたような都市国家（ポリス）は、社会の統治を司る階層と、それを補助する階層、そして統治とは無関係に具体的な経済活動に従事する階層の、三つからなっています。これは魂でいえば、知性と気概と欲求の三区分の社会版ということですが、統治する階層とは具体的にいえば政治家ということですし、補助する階層とは国防を担当する軍人たち、経済活動を担当する階層とは一般の国民を意味しています。

社会が人間の魂とまったく同様の三区分からなり、その正義がまったく同じように、それぞれの区分のもつ長所の調和あるバランスからなっているとすれば、国家社会の正義ということも、結局のところ同じような絶妙なバランスに求められることになります。しかしながら、社会全体のバランスをうまく達成するためには、政治家たちはいかなる能力を発揮する必要があるのか。また、そうした能力の発揮のためには、いかなる選出方法による政治家が求められるか。さらには、その種の能力の育成のためには、社会はどのような教育のシステムを用意することが望ましいのか――。

『国家』というプラトンの主著が展開する政治論は、具体的な社会における統治という主題にかんして、さまざまな分析と多くの処方箋を出すことを目的として書かれた対話篇です。そして、このような目的は、民主主義の意味とその価値について非常に熱心な議論が展開されている現代社会においても、とても大きな課題です。実際に、プラトンの哲学思想は古代ギリシアといういまから二〇〇〇年以上前の古いものであるにもかかわらず、現在の政治理論の舞台では真っ先に議論の対象となる、もっともヴィヴィッドなモデルであるとされています。

しかしながら、科学と哲学との共同作業を考えようとするこの本では、プラトンの国家論そのものを論じることは主題ではありませんので、このような彼の哲学思想の具体的な内容については、これ以上の説明は省きたいと思います。それよりも、読者の皆さんには次のことをぜひ理解してもらいたいと思うのです。

私たちはこの考察を、宇宙が美しいのはなぜなのか、という漠然とした問いかけから出発しました。そして、宇宙の美とは、その形成原理となっている数学的調和の美しさに他ならない、という理解に達しました。私たちはさまざまな音楽の中に現れる複雑な和音の自由な展開にたいして、えも言われぬ感動を覚えることができます。宇宙を前にして感じる神秘的な感動の核心にあるものは、このような芸術的感受性を、数学的知性の助けを借りてもっともっと先鋭化し、洗練させることで得られる、何か崇高な意識の状態ともいうべきものなのでしょう。

しかしながら、この美しく崇高な意識のあり方は、宇宙に向けられたこのような目だけで、満足してしまってはならないものです。プラトンはピュタゴラス派の数学論と宗教観に学びつつ、師のソクラテスの教えをしっかりと生かすために、宇宙の美の核心を感得する人間のまなざしを、もう一度人間自身の本性とその生きる現場へと「向けかえる」必要があると、強く訴えました。

私たちは宇宙の中に現出している驚くべき調和を梃にして、自分自身の心の中のさまざまな部分相互の調整の問題として、正しく捉え直す必要がある。そして、そのような複合的な構造をもった人間どうしの共同体についても、その形成の原理や運営の方法について、徹底的に吟味し、その実現のための最善の方策を追求する必要がある。

宇宙を前にしてわれわれの目に訴えてくる素晴らしいものが、「驚くべき美的調和」

であるとすれば、人間社会において求められるべきは、「正義」という道徳的美でなければならないだろう。その本質を見極め、その実現の道を探求することが、数学的研究の先にある哲学の本来の使命でなければならない――。師のソクラテスとともに、「フィロソフィア」という言葉の新たな使用法を宣言したプラトンにとっては、このような思考上の根本的な方向転換こそが、哲学という学問の究極の課題であると思われたのです。

第2章

宇宙に果てはあるのか？——「天空」と「道徳法則」への近代哲学の問い

西洋近代の世界観

「私がそれに思いを寄せれば寄せるほど、私の心を驚きと畏敬の念でますます満たすようになるものが二つある。それは無数の星をちりばめた天空と、私の内なる道徳法則である」

これは一八世紀の末に、ドイツの北方のケーニヒスベルクという都市で哲学の大学教授を務めていた、イマヌエル・カントという哲学者が述べた言葉です。

カントによると、私たちが無数の星がちりばめられた天空に思いを寄せるとき、私たちの心の内には、自然に驚きと畏敬の念がわき上がってきます。しかし、同じような驚きと畏敬の念が生まれるもう一つの場合があって、それは私たちが自分自身の精神の働きについて反省したときに、その働きを深いところで統率している道徳法則の力を実感する場合だ、というのです。この言葉はなかなか含蓄のある言葉のように思われますが、同時に、すぐには理解しにくい、かなり複雑な思想が語られているような感じもします。

カントは実際に、『純粋理性批判』や『実践理性批判』などの非常に難しい本を著した哲学者で、一般に、西洋の近代哲学の完成者と呼ばれている思想家です（右の文章も

『実践理性批判』に出てくる文章です）。私たちが前の章で見た古代ギリシアのプラトンの時代と、カントの時代とでは、時間的にいって二〇〇〇年以上の開きがあります。また、彼らは同じヨーロッパといっても、地中海のポリスと、ロシアに近い辺境のドイツという、対極的な地域の人びとです。そして、プラトンの作品がソクラテスを主人公とした対話篇（へん）という形式で書かれた、人間臭いドラマのような雰囲気をもっているのにたいして、西洋近代の大学教授カントの作品は、非常に抽象的な概念を縦横に駆使した、難解な学術書という趣をもっています。

このように、二人の哲学者は時代も地域もまったく異なった、互いに非常に遠い関係にある思想家です。彼らはその意味であまり共通点のない思想家ですが、しかし、右の引用文からも見て取れるように、宇宙と人間をめぐる思想にかんして、二人が何となく似通った発想をもっていたような感じがしなくもありません。

これまで見てきたように、プラトンはわれわれに、宇宙の美の観想から人間の魂の本質の理解へと向かうべきだ、と説きました。これにたいしてカントは、宇宙を目にしたときにわれわれが感じる驚きと畏怖の念は、人間の内なる道徳法則を省みるときにも、

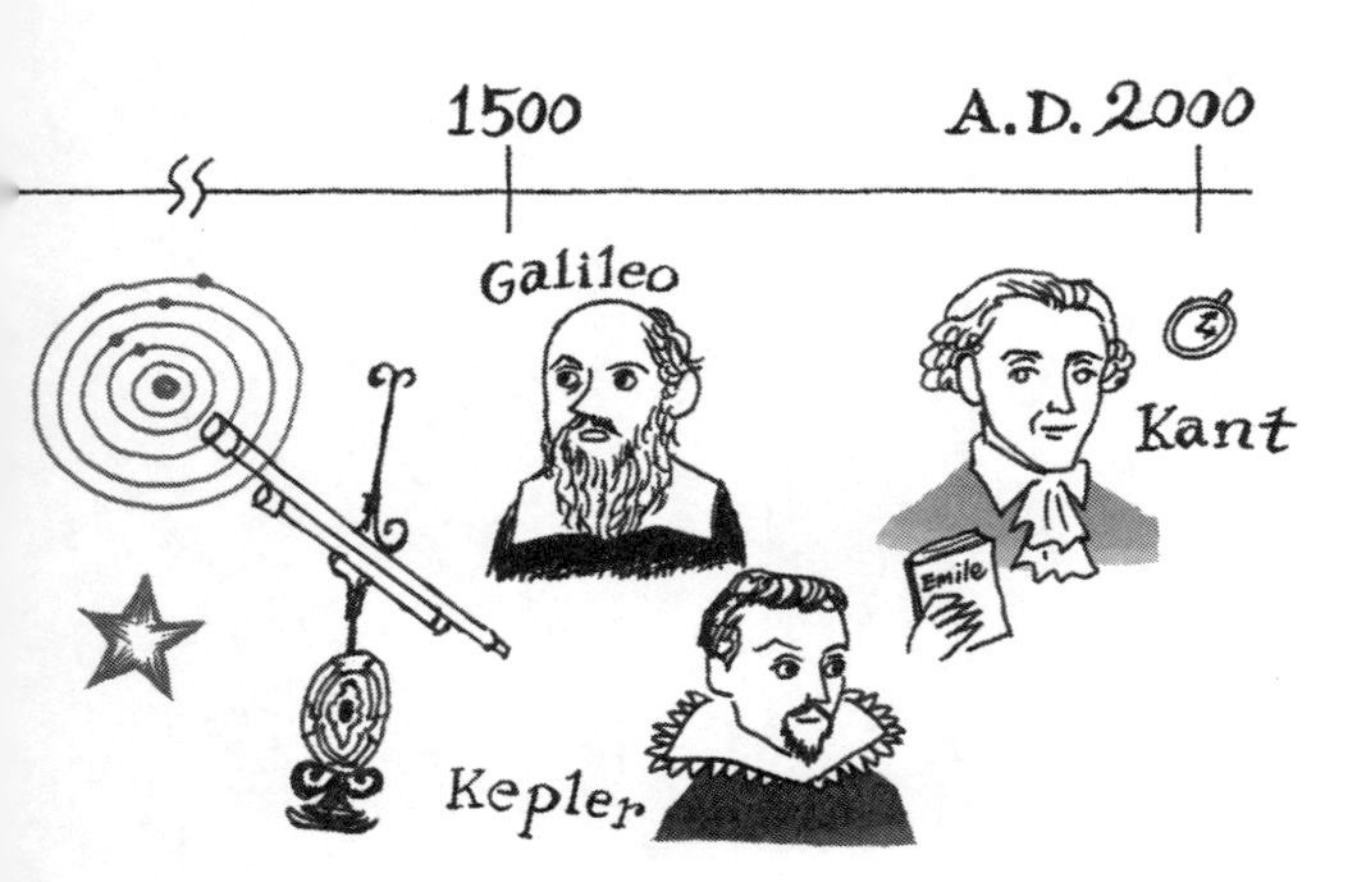

等しく感じることができるものだと主張しました。二人の哲学者はともに、宇宙への反省と人間の内なる精神への洞察とが、同じような大きな感動を生む、と言っているようにも思われます。

もちろん、こうした共通点があるとしても、二人の思想には時代的、地理的な隔たりと同じくらい、理論上の大きな相違があります。その隔たりとは、古代世界と西洋近代世界の隔たりです。二人の思想が重なりあう点は、二人の哲学の主題と使命にたいする根本的な洞察だといえるでしょう。これは時代的、地理的な相違を超えて認められる、哲学の永遠の

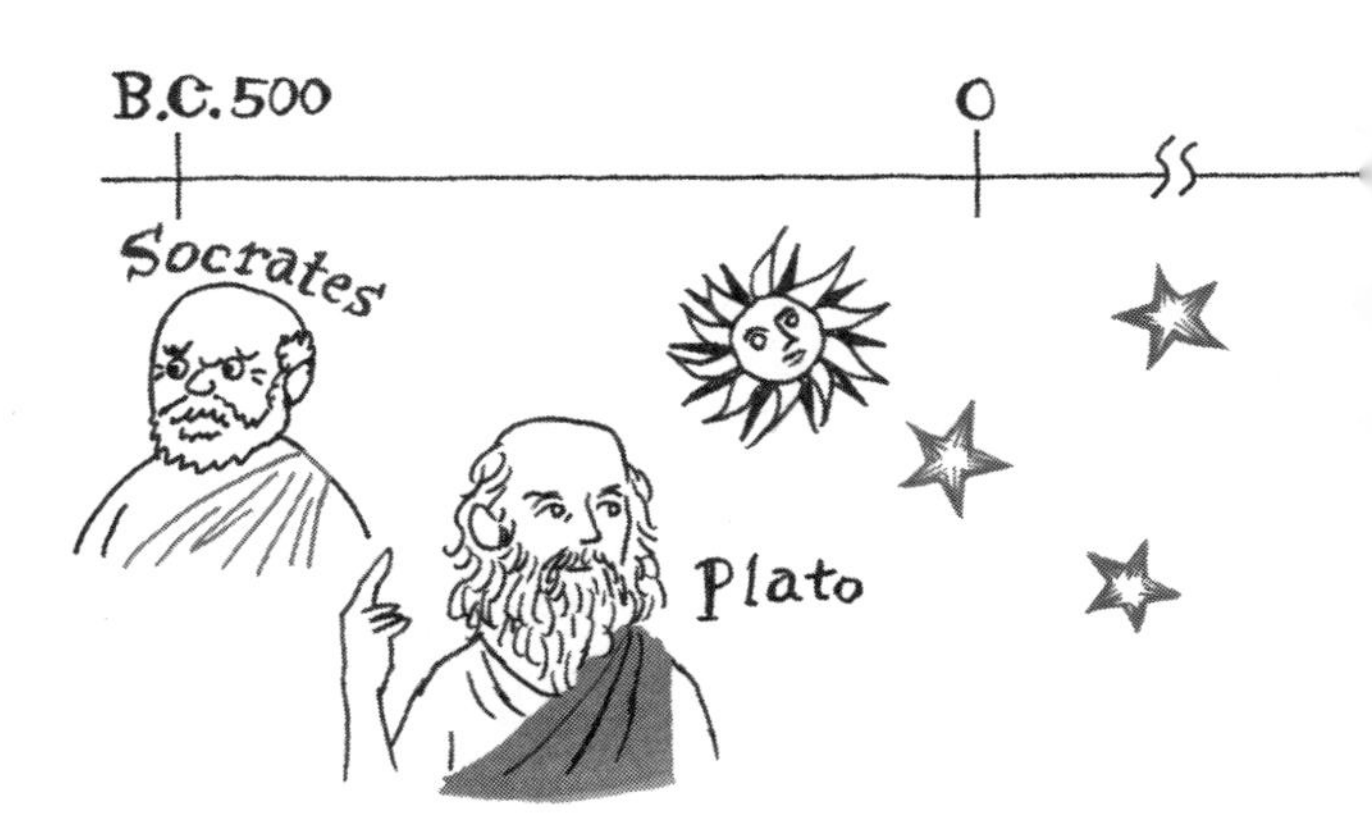

主題ともいうべき側面です。それにたいして、二人の思想の相違については、古代から近代へと推移してきた、哲学の歴史の流れが大きく関係しています。

さて、プラトンから離れること二〇〇〇年以上の、西洋近代という時代は、どんな時代を意味するのでしょうか。近代とはいうまでもなく、古代と中世の後に来る時代です。西洋についていえば、古代とはギリシア・ローマ時代のことで、哲学史の見方では紀元前五、六世紀から紀元後四世紀くらいを指しています。中世はキリスト教の教えが哲学の根本原理となっていた時代で、九世紀くらいから一三世紀を指します（古代と中世の間の五〇〇年間は、ヨーロッパの非文明時代です。この時代の文明の中心は、東ローマ帝国やアラビア・イスラム世界のほうにあります）。

一方、近代とは、中世の次の時代ですが、二つの時代の間には少しクッションがあります。というのも、近代が始まる前に、キリスト教に代わる文明として、あらためて古代ギリシアの文明の価値が見直されるような世界が、主としてイタリアを中心にして、ルネサンス（文芸復興）という形で到来するからです。

近代とはさらにその後に到来した、古代のギリシアとも中世のキリスト教文明とも違う、またルネサンスの文芸復興とも異なった新しい時代です。それは、ガリレイやケプラーが活躍するようになる、「科学文明の時代」です。一七世紀くらいから始まって、一九世紀の中頃まで続く時代です（近代のそのまた後に来るのは現代で、私たちの日本の明治維新もこの現代という時代に属する、新しい歴史の展開を指しています）。

近代哲学の完成者、カントの登場

さて、一八世紀後半に活躍したカントは、西洋近代哲学の完成者ですが、反対にその創始者とされるのは、一六世紀のおわりにフランスに生まれ、オランダで『方法序説』や『省察』などの体系的な哲学の著作を発表したルネ・デカルトです。彼は「私は考える、ゆえに私は存在する」という有名な言葉を残しましたが、この言葉は西洋の思想的自立宣言のように受け取られました。私は考える。そのために私はキリスト教のような宗教的権威に頼ることなく、自分の頭だけを使って、自分の推論の能力を頼りに、もっとも確実な真理を求めていくことにする。デカルトはこのように、自分の精神的能力にのみ頼った哲学の自立ということを宣言しましたが、そのために彼は「近代哲学の父」と呼ばれるのです。

西洋の近代哲学はこの「近代哲学の父」デカルトを出発点として、ロック、ライプニッツ、スピノザ、バークリー、ヒューム、ルソー、ディドロなど、じつに多くの哲学者を生み出しましたが、その系列の最後に位置して、系列の完成者とされるのがこの章で取り上げるカントです。

カントが西洋近代の哲学的完成者と見なされる理由は、彼が古代と中世に対比される西洋近代が生み出した文明上の成果を、哲学という学問の枠組みの中で非常に体系的な仕方で整理し、その理論的根拠づけを行ったからです。西洋近代が生み出した文明上の成果とは、すでに挙げたように、第一に、ガリレイやケプラーの活躍において顕著に示されたような、近代科学の誕生と発展を意味します。この成果はデカルトやライプニッツらの、天才的科学者であるとともに哲学者でもあった人びとの数学上の洗練などを生み出しましたが、とくに、イギリスの科学者アイザック・ニュートンによって、自然世界の内なるすべての物体の運動の原理が解明され、いわゆる「世界の力学的体系」が完成されることによって、もっとも素晴らしい結晶を生み出しました。ニュートンはガリレイやケプラーの原理を総合することで、(リンゴの果実の落下から地球を回る月の運動まで) 地上と天上のすべての物体の運動を、一つの法則の体系にまとめ上げることに成功しました。

そして、このニュートンの体系を哲学的な側面から理論的に「補強」することに最大限の貢献をしたのが、カントの哲学です。科学理論の体系を哲学的な側面から理論的に補強するというのは、ニュートンのような大規模な科学理論の追求が、人間の精神にとって十分に可能な作業であることを保証するとともに、そこから生まれる知識の「客観的妥当性」についても、その根拠をしっかりと明らかにすることです。知識の客観的妥当性という言葉もなかなか難しい表現ですが、ここでは、さまざまな自然科学上の知識のそれぞれが、どこでも、誰にとっても、常に正しい真理だ、というくらいの意味で理解してください。

カントの『純粋理性批判』という難しい表題のテキストは、ニュートン力学に代表される西洋近代科学に客観的妥当性を付与するという、哲学的補強の作業を、非常に厳密な形で追及した作品です。純粋理性とは科学的真理を追究する理性的能力のことです。カントはこの本で、私たちの科学的探究に用いられる理性的能力が、十分に妥当な真理へと到着できることを、哲学的な角度からしっかりと証明しようとしたのです。

近代に生まれた「人間」観

カントが近代哲学の完成者と呼ばれるのは、このように、科学の知識にたいする哲学的基礎づけの作業において、非常に大きな成果を上げたということですが、彼の業績はそれだけにとどまるわけではありません。

じつは、西洋近代の文明上の成果ということには、科学的知識の発展ということと並んで、もう一つ別の重要な側面があります。それは、この時代が人間社会の中での道徳的、政治的問題にかんしても、西洋近代に特有の人間観を打ち出したということです。西洋近代のこの面での達成は、歴史的にはアメリカの独立戦争やフランス革命において広く謳われるようになった、「基本的人権」の思想や、「自由・平等・博愛」というモットーによって表現される、いわゆる啓蒙思想の運動によって示されました。

啓蒙とは「蒙をひらく」ということ、つまり、真理の光に照らされた目を開き、無知蒙昧の状態から脱するということです。西洋の近代にとっての無知蒙昧の状態とは、おおざっぱにいうと中世的な時代おくれの世界観ということですので、この運動の基本は、キリスト教の世界観にもとづく中世の科学と宗教を否定するところにあります。そして、古い科学の否定は、すでに一七世紀に、ガリレイらの努力によってはじめられています。これにたいして、一八世紀には、科学のみならず道徳や宗教の面でも、中世以来の伝統的な思想を廃棄して、新しく人類に普遍的に当てはまるような道徳原理が求められるようになりました。そのために、新たに構想されたのが、啓蒙思想家たち（ヴォルテール、ディドロ、コンドルセ、ルソーら）の掲げる人権や自由・平等・博愛の旗印であったわけです。

カントは、スイス出身の哲学者ルソーの著作などに深く親しむことを通じて、道徳論や宗教論においても、啓蒙思想の原理を哲学的にもっとも深く基礎づけ、その内容を解明する、という作業を行いました。それが彼の第二の主著である『実践理性批判』の主題です。この場合の実践理性とは、理論理性とは別の、人間が社会的存在として行動する際の規範や価値を判断するために用いるような、理性的能力のことです。

カントのいう実践理性は簡単にいえば、道徳的判断力といってもよいのですが、カントはちょうど理論理性が自然の中に見出す法則と同じようなものが、人間社会の中にも道徳法則として存在しうるので、われわれの実践理性はそれの実現を求めることができるし、求めなければならない、と考えるのです（二つの本に共通する「批判」という言葉は重要ですが、ここでは「批判的に吟味する」くらいの意味で解することにします。カントは人間のもつ主要な理性二つの本性を批判的に吟味して、それがなしうることと、不可能なことを、きちんと峻別（しゅんべつ）しようとしたのです）。

カントは、ガリレイやニュートンのような近代的科学の成果が、人類に共通の客観性をもつことを、哲学的吟味を通じて証明し、あわせて、ヴォルテールやルソーのような自由と平等の思想が、人類に共通の目標となるべきであることを、二つの哲学書で詳しく説明しました。科学と道徳の近代的なあり方がもっている高度な意義を、その可能性と妥当性の根拠を十分に明らかにするという作業（今述べたように、これが彼のいう「批判」です）を通じて、誰よりも徹底的に明らかにした哲学者――それが、西洋近代哲学の完成者としてのカントの功績なのです。

カントの問いの四つのステップ

それでは、カントはどうやってこのような困難な作業をなしとげることができたのでしょうか。一方で、科学についてその真理の根拠を説明しながら、他方で、人間の道徳的本性の意義と、求められるべき社会の原理を解明しようとすること。これは一人の哲学者がなしとげるにしては、いかにも盛りだくさんな仕事です。理論的にあまりにも複雑に見えるこうした作業を、彼はどうやって実現することができたのでしょうか。

これには、いろいろな説明が可能だと思われますが、宇宙と人間との関係を見定めようとするこの本では、カントの哲学的思索のステップを次のような順番で整理したいと思います。すなわち、彼はまず、「天動説から地動説への転換」という宇宙論的視点から出発し、そこから、宇宙空間全体のサイズという問題へと関心を広げた。彼はこの問題を整理する過程で、ユニークな解法を考え出すと同時に、人間の経験の本質的な有限性ということに着目するようになった。その結果彼は、理論理性（科学的探求）よりも重要な実践理性（道徳的理想の追求）の役割ということに目を開き、「実践理性の優位」という思想に着地した、というステップです。

このステップについて、最初に議論の骨組みだけを述べて、図式的に示すとこうなります。

（1）天動説から地動説へ

天動説は、洋の東西を問わず人類に共通の世界の見方でした。この見方は地球中心で、人間中心に考えられていました。ところがこの見方に反対して、地球が中心ではなく、世界が太陽を中心にして回っているという発想が生まれました。これが地動説であり、それを最初に提言した人の一人がコペルニクスです。

近代の地動説の誕生によって、地球は太陽を中心にして運動することになりました。しかも、地動説の誕生と同時期には、太陽もまた銀河宇宙のなかの一角を占めるにすぎない、ローカルな星であって、宇宙には太陽のような中心が無数にあるという、一種の多宇宙論が生まれました。この多宇宙論では、銀河の外には無数の星雲からなる宇宙が広がっていて、宇宙には果てがないように思われたのです。

しかしながら、人間は宇宙の片隅のそのまた片隅の、非常に辺鄙（へんぴ）なところに生存する生物だとすると、このような、とてつもなくローカルな世界の片隅に存在する人間が、どうやって宇宙全体を理解できるのだろう、という根本的な問題が提起されます。これが西洋近代哲学に特有の、「認識論」という主題の誕生です。認識論は近代という「科学の時代」にこそ重視されるべき問題領域であり、カントの哲学的功績の一方にある、理論理性の批判的吟味とは、この認識論的反省の実行ということを意味します（認識論が具体的にどのような議論をするかは、あとでもう少し詳しく見ることにします）。

（2）宇宙のサイズの問題

宇宙全体がとてつもなく広い世界であり、無際限の拡がりをもつとすると、宇宙の「全体の大きさ」は、どうなってしまうのでしょうか。それは無限な広さなのでしょうか、それとも有限な広さなのでしょうか。そしてそのことを、私たち人間が確実に知る方法はあるのでしょうか。

カントは、その認識論的反省の具体的な内容として、この問題を正面から論じています。そして、彼が打ち出した結論は、非常に驚くべきものでした。というのも、カントは、「私たち人間は、その理性の使用によっては、宇宙の無限・有限の問題に決着をつけることができない」といったからです。彼によればその理由は、私たちが認識する領域は、世界の中の限定された一部だけであって、けっしてその「全体」ではないから、というのです。カントはこのことを、私たち人間が生まれつきもっている認識の枠組みによって課せられた制約だと主張しました。彼の認識論では、人間の認識能力に課せられた制約や条件、ということがきわめて重視されます。

（3）現象と物自体の問題

私たちが知りうる世界は、私たち人間がもっている「認識作用の形式」という条件によって、根本のところで制約を受けている。カントはこのように主張したうえで、こうした制約に拘束された形で生み出される認識の対象を、「現象」の世界と呼びました。現象とは何かの現れということですが、その意味するところはただ、目の前に現れている何らかのもの、ということだけではありません。現象とはむしろ、本物の世界でなく、人間の精神に特有の世界であり、ある意味では偏っていて、特定のゆがみをもった、「たんなる現象の」世界ということです。

私たちは自分の感覚能力の形式という制約の下で、現象世界のことを認識しているが、物の実相を含んだ物自体の世界には、けっしてアプローチすることができない――。カントはこのような自分の「認識論上の帰結」を、「超越論的観念論」という非常に難しい言葉で表現しています。カントの哲学は複雑なステップからなるといいましたが、複雑なのは議論の構造だけでなく、その用語についてもいえます(1)。

(4) 物自体としての人間、すなわち「人格」

カントの認識論が正しいならば、われわれが知りうる世界は、現象界だけです。われわれは科学的知識の追求を通じて、森羅万象からなる「たんなる」現象世界には接することができますが、本当の意味での物自体の世界には迫ることができません。そうであるとすると、科学がアプローチできない物自体とは、本当はまったく存在しない、フィクションのようなものなのだ、ということになるのでしょうか。

カントの認識論からは、このような結論が自然に導かれそうです。ところが彼自身は、それは必ずしも正しくない、といいます。彼は物自体はあるけれども、科学的知識の対象とは別の世界に、存在するというのです。

「物自体」とは何だろうか？

科学的知識の対象とは別の世界とは何のことでしょう。それは何か超自然的能力をもった人物が、神秘的直観などによって見ることのできるような、オカルトな世界のことでしょうか。

カントはそれも間違っているといいます。彼によれば、物自体として存在する世界とはじつは、私たち人間それぞれが、互いに人格としてその尊厳を認めあう、道徳的社会という世界のことなのです。世界に存在する本当の物自体の世界とは、科学が知りうる世界ではなく、私たちの心が互いの尊厳を認め合い、そのために協力しあうことで形成することのできる、人格的共同体の別名なのです。

もう一度この章のモットーを思い出してください。「私がそれに思いを寄せれば寄せるほど、私の心を驚きと畏敬の念でますます満たすようになるものが二つある。それは無数の星をちりばめた天空と、私の内なる道徳法則である」

無数の星をちりばめた天空は、どれほど美しい姿で私たちを魅了することができても、カントにとってそれは、現象の世界です。これにたいして、自然法則ではなく道徳法則によって支配される世界こそが、私たちの本当の世界であり、それはすでに存在する世界というよりも、これからその存在の実現が目指されるべき世界なのです。いいかえれば、理論理性よりも実践理性の優先される世界こそ、本当の意味で価値のある、存在するに意義のある世界だというのです。カントはこのことを、「理論理性にたいする実践理性の優位」という言葉で表現しました。これは別の言い方をすると、人間の精神の活動にとって、科学的探究がどれだけ尊い作業であるとしても、道徳的社会の実現という目標に比べれば、より劣った課題と見なされるべきだということです。

さて、宇宙論から道徳論へと進むカントの議論のステップは、だいたい以上のようなものです。おそらく読者の皆さんが、始めてこのような議論を耳にするときには、かなり複雑な、難しい議論だと思えることでしょう。実際に、カントの理屈はある意味ではとても曲がりくねったものなので、彼の同時代の哲学の専門家たちにとっても、この思想はよく理解できない曖昧な立場だと思われました。そのためにカントを批判する思想家も少なくありませんでした。その意味で、私たちが一度聞いただけでは、なかなか頭に入らないのも、無理はないのです。でも、何度もその筋道を繰り返し辿ってみると、その議論の面白さがだんだん分かるようになります。

彼の哲学的議論の面白さは、何よりも、「無際限な宇宙空間にかんして提起される宇宙のサイズについての問い」という、非常に分かり易いテーマから出発して、最後に「人格的共同体の意義」という、まったく次元の違う話へと移行するところにあります。これは、哲学的思考というものが、一種の知的アクロバットのような性質をもっているということの良い例だと思います。このアクロバットの醍醐味の一端を感じるために、私たちはまず天動説と地動説の問題に戻って、そこから宇宙のサイズの問題へと進むことにしましょう。

ところで、この問題へと入るための最初の入り口となるのが、すでに確認したように、天動説と地動説のお話です。

有限の宇宙から無際限の宇宙へ

前章で見たように、広く世界の古代や中世の文明では、私たちの地球は自然世界の中心にあり、天に見える星空が地球の周囲を回転していると思われていました。これは目に見える外界についての理解としては、ごく自然な見方です。天動説は東洋と西洋の古代と中世の世界に共通の見方でありましたが、この見方の下では、自然世界はすべて地球中心にして、人間中心に考えられていました。私たちの地球が宇宙の真ん中にあり、その地球で最高度の知性をもつ人間は、世界全体を見渡すことで、その全体像を見通すことができると考えられたのです。

しかしながら、この見方には一つの大きな問題がありました。それは地球を含む太陽系の惑星（水星や火星、木星など）の運動の説明が、あまりにも複雑になってしまうという問題です。惑星は明けの明星や宵の明星のように、私たちの生活に身近な、はっきりと目に見える星です。ところが、そうした身近な星のいくつかが、天空の示す東から西への大きな円運動とはまったく異なった、奇妙にもジグザグな運動をしているように見えることは、いかにも不自然で、容易に納得のいかない事実です（前にも見たように、「惑星」という言葉は、惑っている星という意味で、不規則な運動をしているのでこの名前がついたのです）。

そこで、地球が中心ではなく、太陽が中心で世界が回っていると考えてはどうかという、それまでの天空理解とはまったく異なった、非常に革命的な発想が、西洋の近代において生まれました。これが地動説であり、それを最初に提言した人の一人がポーランドの天文学者でカトリック司祭でもあったコペルニクスです。天動説から地動説、あるいは地球中心説から太陽中心説へのこの大転換は、コペルニクスの名前にちなんで、「コペルニクス的転回」と呼ばれます。

さて、この大転換にはもう一つの大きな視点の変更が含まれていました。それは、有限で閉じられた天空のイメージから、無際限に広がっていて、どこまでも開かれているように見える宇宙のイメージへの転換です。

天動説から地動説へと見方を一八〇度変えた西洋の人びとは、同時に、それまでのように宇宙が天空によっておおわれた、一定の大きさの有限な世界であるという信念を捨てざるをえなくなりました。というのも、さまざまな天体観測を通じて惑星や恒星の研究を積み重ねてきた天文学者たちは、次第に太陽系が属する銀河の他にも、いろいろな星雲が存在し、それぞれが銀河と同じような構造をもっているのではないか、と考えるようになったからです。こうした天体観測の精密化は、もちろん、望遠鏡による夜空の観察の解像度が飛躍的に進歩したことで可能になりました。コペルニクスの後、月や火星や木星についての詳細な観測を行ったガリレイやケプラーは、当時としては非常に高度な観測技術をもっていたのです。

地球が属する太陽系でさえ、宇宙の片隅にすぎないような、無数の銀河や星雲からなる宇宙。それはあまりにも巨大な空間の中に、無際限な形で続いている、不定形で底の見えない、どろどろとしたカオスの世界のようにも思われます。

地動説とともに生まれた、開かれた宇宙のイメージ――。西洋近代に生じたこの宇宙論上の重大な革命は、ごく自然に、哲学における大きな発想の転換をも引き起こすことになりました。そしてこれこそが、西洋近代における宇宙論の変換に連動して生じた哲学の転換に他ならないのです。

先に近代哲学の父は一七世紀のデカルトだと述べましたが、彼はまさしくこうした転換を最初に提言して、その解決の一つの方法を示した哲学者です。そして彼の後に続く哲学者たちは、同様の問題をそれぞれの仕方で解決しようと試みました。私たちがここで見ているカントの思想は、これらの哲学的模索の系列の最後に出てきた思想です。彼の理論は他の哲学者たちの発想に比べて、かなり屈折した、複雑な陰影を帯びたものなのですが、それはまさに、彼が近代哲学におけるさまざまな解決案の蓄積を背景にしつつ、彼独自の議論を生み出そうとしたことに起因しているのです。

コペルニクス的転回から生じた二つの問い

近代哲学に生じた転換によって、新たに生まれた問題提起のもっとも大きなものに、二つの問いがあります。その一つは、私たちがそもそも科学的知識を得ることができるのは、どうしてなのか、という問いです。そしてそのもう一つが、私たちは無際限に広がる、この開かれた宇宙について、その全体の大きさを特定できるのか、という問いです。

これら二つの大問題の前者のほうは、人間の認識の妥当性の根拠を求める、「認識論(epistemology)」の問題と呼ばれます。そして、後者のほうが、われわれの宇宙全体の大きさは無限なのか、有限なのかという、自然世界全体のサイズの問題です。

まず、地動説と開かれた宇宙という新しい宇宙の見方から、認識論と呼ばれる哲学の新部門が誕生するという事情は、以下の通りです。

繰り返しになりますが、西洋近代以来の地動説的宇宙像では、地球は太陽を中心にして運動しています。しかし太陽もまた、銀河宇宙のなかの一角を占めるにすぎない、ローカルな星の一つです。そして、銀河の外には無数の星雲からなる宇宙が広がっているように思われます。そうだとすると、私たち自身は宇宙のどこに位置しているのでしょうか。いうまでもなく、私たちは宇宙の片隅のそのまた片隅の、非常に辺鄙なところに生存する生物です。宇宙が無際限に広がる広大な空間であるとすれば、私たちはその中のケシ粒にもみたない、あまりにも小さな存在です。

このあまりにも小さな存在である人間が、宇宙全体の構造や、星の運行の法則や、惑星の衛星について観察し、その原理を理解しようと努めている。あるいは、実際に非常に限られた範囲についてであれ、かなり厳密な知識を科学的な探究の作業を通じて獲得している。これは、よく考えてみると、非常におかしな、不思議なことのように思われます。

そもそも、とてつもなくローカルな世界の片隅に存在する人間が、どうやって宇宙全体を理解できるのでしょうか。そして、私たちの限られた観察能力で得られた宇宙についての知識が、銀河を超えた別の星雲の世界についてもあてはまったり、共通の法則の下にあることを知るのは、どうして可能になるのでしょうか。どう考えても、宇宙の片隅に住む卑小な存在である人間には、巨大な空間からなる宇宙の大規模構造について知ることは、不可能なように思われます。

われわれはいかにして地球の外に広がる巨大な自然空間について、確固たる知識を獲得できるのか。なぜ、この地上で正しいと思われる物質の運動法則が、宇宙そのものにおいても正しい運動の原理であると考えられるのか。ニュートンはリンゴの木から果実が落ちるのを見て、月や星の運行にかかわる万有引力の法則を思いついたといわれています。しかし、なぜ、地上のリンゴの落下運動と、太陽系の惑星の運動とが、同じ自然法則に従っているといえるのでしょうか。そもそも、ニュートンの万有引力の法則は、本当に客観性をもった真理なのでしょうか——。

これが、近代という「科学の時代」に特有の哲学の根本問題に他なりません。そして、ここに誕生しているのが、近代哲学に特有の認識論という主題です。認識論とは、われわれの科学的認識の可能性にかんする問いかけです。われわれの科学的認識、たとえば万物に当てはまる万有引力の法則のようなものが、なぜ発見可能なのか、それは本当に真理を明らかにしているのか、そして、それはどの範囲まで通用する真理なのか、を問いかけます。認識論とは、知識獲得の可能性の「条件」と、その真理性の「根拠」、そしてその可能性の「範囲」を見定めようという、哲学的問題意識のことです。

デカルトからカントまでの西洋近代の哲学は、右のような認識論の問題を軸にして構成された哲学です。そして、デカルト、ロック、ライプニッツ、カントなどの主要な哲学者は、それぞれ独自の認識論的解決を提供する哲学者です。しかし、その中でもとりわけ独創性に富んだ認識論上の解決を提示したのが、私たちがここで問題にしているカントです。

さて、「そもそも、とてつもなくローカルな世界の片隅に存在する人間が、どうやって宇宙全体を科学的に認識するなどということが、できるのだろうか」。デカルトからカントまでの西洋近代の哲学者は、この難問にたいして、それぞれの立場から巧妙な答えを用意するのですが、その答えの基本的な枠組みはだいたい共通のもので、以下のように考えます。

少しだけ考えてもすぐ分かることですが、私たちは日々生活している世界の大きさや、身についている観察能力、計算能力の程度からして、宇宙全体を正面からそのままの姿で捉えたり、認識したりすることは、到底できません。それは身長百何十センチの体をもち、太陽からの熱のおかげで地上に生活できている、ローカルな生物としての人間には、本来かなわないことです。たしかに、望遠鏡などの観測器具の進歩は、昔の人びととはまったく違う、月面の様子や土星の環についての知識をもたらしてくれました。しかし、これらは太陽系の中の事情についての知識の増大であって、無数の恒星からなる星雲や銀河については、古代から近代になって、新しい知識が増えたということはほとんどないのです。宇宙は全体としては依然として謎のまた謎、という世界です。

しかし、ある意味では、近代になって昔の人びととは決定的に異なる見方が現れてきました。それは万有引力を発見したニュートンのリンゴの喩えでも示されているように、私たちは地上の身近なものの運動についても、月や金星の運動についても、まったく同じ「運動法則」の下で理解できる、という見方です。

地上の物体は、落体の法則や慣性の法則など、いくつかの力学の法則に従って、規則的な運動変化をしています。私たちはこれらの法則の知識を使って、大砲の弾丸の軌跡や振り子の運動の軌跡を予想したり、検証したりすることができます。しかしながら、これらの規則は地上の諸々の物体に分け隔てなく当てはまるとともに、天上のさまざまな巨大な物体、つまり惑星や衛星などの天体についても、同じように当てはまっています。そのために、私たちは同じ知識を使って、惑星や衛星の運行の軌跡を予想したり検証したりすることができるのです。

そうだとすると、自然世界とは、万物に共通の運動法則に従って、すべてのものが刻一刻と位置や形を変えていることで運行されている、巨大な運動システムではないのか。あるいは、世界とは無数の部分部分が超巨大な機械の部品となって、刻一刻と互いに関係を変えていって運動している、いわば時計仕掛けのメカニズムではないのか、という考えが生まれます。

時計仕掛けの機械と運動法則——これが、西洋近代の科学思想が生み出した宇宙全体についての根本的なイメージです。宇宙については、観察としてはほとんど部分的なことが知られているだけですが、その運動変化の法則については、たしかに普遍的な法則が発見されつつあるような感じがする——それなら、どうやってその普遍的な法則が発見できるのかを問題にしたほうがよい。つまり、われわれはどうやってこの巨大な時計仕掛けの機械の法則を理解できるのか、ということを問うほうが得策ではないのか。これが、西洋近代の認識論が具体的に論じようとしたテーマです。

人間は何を知りうるのか？

そのために、近代の科学的探究方法の本質を解明し、その有効性を説明しようとする哲学者たちは、特定の身長や体重をもった一個の生物としての科学者、というイメージを一旦は消去して、科学的探究の主体を、世界についての数学的で力学的なメカニズムの青写真を作ろうとしている、知的な精神的存在者であると考えることにしました。

これは、ちょうど古代のプラトンの作品に出てくるデミウルゴスが、美しい調和のモデルを「イデア」として描き出し、それに沿って宇宙の構造を組み立てていったのと同じような仕方で、科学的探究を行っている精神を、世界とは別のところに位置して、世界とは独立に存在する者と考えるということです。ただし、プラトンのストーリーでは、世界の設計者はあくまでも、世界をカオスからコスモスへと変換する、神のような存在でしたが、近代の科学者のイメージは、そうした神のような超能力をもった者ではありません。科学者はあくまでも、すでに運行している宇宙の星々や、地上の物体にかんして、その運動法則を「理解しようとする」個人です。個々の科学者は、それぞれ一個の知的精神として、自然全体の「外から」、そのメカニズムを理解しようとするのです。

科学的探究の主体である知的精神は、宇宙の森羅万象の現象を永遠的な機械の運行のように理解するために、機械仕掛けのメカニズムの法則について、数学的に記述する方法を生み出そうと努力します。そのために、彼が自分の精神の中で見つめるのは、思考の直接的な対象としての「観念」です。観念の原語はideaですので、もちろんこの言葉の源はプラトンのイデアにあります。しかし、観念はイデアとは違って、現象世界を超えたイデア界にある、さまざまな存在者の原型ないし模型ではなくて、むしろ個々の科学的精神の中に存在する、個人的な思考のエピソードに含まれる素材ともいうべきものです。英語のideaはアイデアと発音しますが、その意味は一般に、何らかの発想、考え、思いつき、というようなものでしょう。私たちは「良いアイデアが浮かんだ」といいます。それが、古代のイデアが近代になって、科学の大規模な変換の下で再登場したとき、共通の意味もありますが、相当に違った意味で使われるようになった、「観念（イデー、アイデア）」なのです。

いずれにしても、デカルト以来カントへと至る西洋哲学のもっとも主要な言葉は、この観念ということばです。私たちの内なる観念は、いかにして、精神の側から見れば

「外側にある」はずの、外界の事物を代理的に表すことができるのか。その代理的な作用において、いかなる観念が客観的世界を正しく映し出しているといえるのか。われわれは正しい映し出しを生み出すために、どのような方法で自分の心の内側に観念を集めたらよいのか。そして、さまざまな観念のなかには、個別的な事物を表すものや、法則的な事象を表現するものや、世界の認識の基礎となる概念（たとえば、空間と時間、など）であるものなど、非常に多種多様であるが、その中でもっとも重要な観念は何なのか……。

近代哲学の中心テーマは認識論です。そして、認識論が扱う具体的な問題はこれらの問いです。デカルトも、ロックも、ライプニッツも、みなこれらの問題を共通のテーマとしつつ、それぞれ互いに異なった、しかも非常に独創的な答えを生み出した哲学者たちです。カントはこれらの哲学者より後に生まれた思想家ですから、彼らの互いに異なった回答について、よく知っていました。彼はそのうえで、これらの人びととはまた違う考えを提出することで、こうした問いに非常に巧妙な仕方で答えを与えました。

カントの巧妙な認識論からは、後で見るような、「超越論的観念論」というとても分かりにくい存在論が導かれます（「認識論」は、私たちの知識の可能性を問題にする哲学の分野ですが、「存在論」はそれとは別に、世界は何からできているのか——たとえば、世界はすべて物質からできているのか、それとも物質以外にも、精神という別種の存在者があるのか——を問うような哲学の分野です。カントの主張に従うと、人間精神のもっている認識論的制約を考慮するかぎり、世界は現象＝観念でしかない、ということになります。それゆえ、彼の採用する存在論は観念論です。この存在論についている「超越論的」という難しい形容詞は、「人間精神のもっている認識論的制約を考慮するかぎり」という、今あげた条件を指しています）。

しかし、それを見る前に、彼の認識論的議論の巧妙さがよく分かる例として、時間と空間を論じた議論を見てみましょう。それは、宇宙の空間的、時間的サイズに直結する問いかけです。はたして私たちの住むこの宇宙は、無限大なのでしょうか。それとも、それはいかに広大な空間と見えても、本当は有限なサイズの世界なのでしょうか。

宇宙の果てとアンチノミー

さて、カントは自分が生きている西洋の近代という時代が、それまでの地球中心主義的な見方から大きく離れて、地動説に立った世界像を基礎にしているということを、非常に重要だと考えた思想家です。

彼は、科学が成し遂げたコペルニクス的転回が、哲学の領域においても積極的に活用されるべきだと考えました。そのために彼は、コペルニクス的転回がもたらす認識論上の革新をよく理解しようとしました。そして彼はその問題への切込みのきっかけとして、宇宙全体のサイズという一見素朴な問題を取り上げ、その解決を梃にして、「超越論的観念論」という独自の存在論を生み出したのです。

繰り返しになりますが、西洋近代の宇宙論の革命と連動して生じた近代哲学に特有の問題意識として、自然世界全体のサイズという一つの厄介な問題があります。宇宙空間は無限な広さをもつのでしょうか、それとも有限な広さなのでしょうか。あるいは、宇宙には有限の歴史が属していて、宇宙の始まりというものがあるのでしょうか。それとも、宇宙の歴史は無限の長さからなっていて、宇宙には始まりも終わりもないのでしょうか。宇宙の空間と時間の大きさについて、はたして私たち人間が確実に知ることは、可能なのでしょうか――。

古代の文明に属する人びとの多くは、基本的に、宇宙が巨大なドームのようなものだという考え方をしていました。ドームは東京ドームであれ札幌ドームであれ、いかに巨大なドームであっても、その広さには限りがあります。巨大なドームの真ん中に地球があって、そこに住む私たち人間がドームの天井にちりばめられた星々を眺めている。これが、古代の人びとに広く共有されていた「閉じた宇宙」のイメージです。

このイメージの下での宇宙には、時間的にも有限な持続が結びつけられているのがふつうでした。宇宙は全知全能の神が創造したものかもしれないし、デミウルゴスのような数学的知性が生み出したものかもしれないし、場合によっては、混沌としたカオスのなかから自然発生的に形成されてきたものかもしれない。宇宙の始まりの説明は文明によってそれぞれだとしても、しかし、宇宙にはともかく、その誕生の時というものがあって、いかに長期にわたっていようとも、その歴史には有限な数で数えることのできる年数が属している。そのために、古代文明の宇宙は時間の軸から見ても「閉じた宇宙」

なのです。

これにたいして、開かれた宇宙は、空間的には、少なくとも、無際限です。地球が属する太陽系は、銀河の中に位置しています。銀河の外には無数の恒星や星雲の世界が広がっています。もしも宇宙の遠方にまで旅行することができるのなら、その遠方の場所では、そこからまた遠方に位置している別の世界が、広がって見えるにちがいありません。こうして私たちの世界は、無際限な大きさの世界であることが理解できます。

無際限の世界とは、どこまで行っても壁にぶつかることがない、という世界です。それは、原理的に限りをもたないという意味で、無際限です。とはいえ、それは本当に「無限な」世界なのでしょうか（無際限がどこまでいっても限界に至りえない、という意味で、否定的な形容詞だとすると、無限は実際に限りなく広がっているという意味で、積極的な意味の形容詞です。宇宙は無際限に広がっているとしても、現実に無限の大きさをもつとは限りません）。私たちの宇宙は、無際限に広がっているだけでなく、本当に無限の大きさをもった空間なのでしょうか[2]。

FINITY
INFINITY

宇宙に始まりはあるのか？

問題はしかし、空間のことだけに限られません。近代の科学像によれば、宇宙は時間的にも、始まりを考える必要のない世界であるように思われます。

先にも触れましたように、宇宙には星や物体の運行や運動を定める運動法則ないし自然法則というものが働いています。そして自然法則は、いかなる過去にさかのぼっても妥当するので、宇宙にかんする無限に過去の時間というものを考えることができます。

たとえば、旧約聖書では、神による宇宙創造から人類の歴史が始まって、それがユダヤ民族の歴史に直結しているように描かれています。ところが、ニュートンの万有引力の法則は、アダムとイブとが歴史に登場した時代にはもちろん、それ以前の、聖書の思想では「世界創造以前」ともいうべき世界でも、有効に働いていたと考えられます。自然法則に支配された近代の科学的世界像にとって、宇宙のある時点からの始まりという考えは、法則における時間のパラメーターが無限の過去にも、無限の未来にも設定できる以上、ナンセンスということになりかねません。そこで、古代では閉じられた宇宙が歴史的にも有限であったのとは対照的に、近代においては、宇宙は空間のみならず、時間的にも無限の大きさに拡大されて、開かれていったように思われるのです。

でも、われわれの宇宙は歴史的に本当に、本当に、無限な過去をもつのでしょうか。一見そうも思われるのですが、しかしよく反省してみると、この考えもまた、少し変な感じがしなくはないのです。

もちろん、昔の人びとが思い込んでいたように、宇宙が空間的、時間的に有限だとすると、それはそれで相当に苦しい考え方のように思われます。というのも、すぐ分かるように、宇宙がどこかの時点で始まったとすると、誰もが、「その宇宙の始まりの前はどうなっているのか、そこには時間はないのか」とか、「宇宙の始まりを構成する物質が、創造以前に存在していたのだから、宇宙の本当の始まりはないのではないか」、などと考えるはずだからです。

あるいは、宇宙に空間的な果てがあるとしたら、その果ての「向こうはどうなっているのだ」と問うこともできます。有限な閉じた宇宙は、広く古代文明に共通なものであるとしても、この見方にはどうしても、根本的に曖昧な点がつきまとっているように思われます。

しかしながら、よく考えてみると、反対に宇宙や自然世界が無限だというのも、それほど安心できる、分かりやすい答えではないかもしれないのです。たとえば、無限宇宙の歴史をこんな風に考えてみるとどうでしょうか。

私たちのこの世界は、明らかに、「現在・今」というこの時点の下に、現実に存在しています。そして、無限な過去をもつ宇宙というイメージによれば、私たちのこの今は、無限の彼方にある過去から始まって、これまでに無限の長さで続いてきた歴史的継起を経たものだということになります。私たちのこの現在は、無限の時間的継起を有する、この宇宙が到達した時点です。この歴史の長さは無限ですから、そこに限りがあるということはありえません。ところが、この無限の長さをもつ時間の持続や継起が、今・現在というまさにこの時点で、実際に終結を迎えています。これはどう考えてもおかしなことです。

たとえば、一、二、三……と続く自然数の系列が、どこまでいっても無限に続くように、無限の時間的継起のもとにある時間が、どこかで終結することはできないはずです。ところが、実際には無限の過去から始まった時間が、現在というところで完結したのです。これはどう考えても不条理です……。

この議論はいかがでしょうか。読者の皆さんはこれに納得されるでしょうか。

じつはこの議論は、古代ギリシアのプラトンの弟子であった、アリストテレスの考え方を少し乱暴に簡単にして、まとめたものです。彼はこうした理屈を使って、宇宙には始まりがあるだろう、と述べたのでした。

永遠の難問にカントはどう答えたか？

宇宙は空間的にも、歴史的にも無限なのか、有限なのか――それは有限だと考えると相当に不条理な感じがする。とはいえ、反対に、無限だとしても謎は残っている。おそらく、ここまで読んでこられた読者の皆さんのなかには、自分もこの種の問いについて考えたことがある、と思われた方も多くおられるのではないでしょうか。誰でも、小学校の時などに、この問題に頭をひねったことがあるでしょう。そして、あれこれ頭をひねった挙句に、ここで挙げたような屁理屈(へりくつ)を自分で考えたりして、とりあえずの答えを自分なりに出されてきたかもしれませんね。宇宙の空間や時間について、その限界やその向こうについて考えるということは、私たち人間の非常に自然な態度だといえると思います。

さて、私たちが今参照しているカントは、永遠の難問ともいうべきこの問題について、まさに歴史的にも非常に稀（まれ）な、ユニークな答えを出した哲学者として、よく知られているのです。

カントはこの種の難問については、「原理的に回答が不可能なのだ」という解決を出します。回答が不可能だ、という解決——たしかにこれは、変な解決です。しかしその変な考え方がこれから、重要な議論のステップとなるのです。

カントはまず、こうした難問のことを、純粋理性が生み出す「理念」をめぐる難問だと性格づけます。そのうえで、この種の理念にかんする議論では、「純粋理性のアンチノミー」という厄介な事態が生じるので、解答は不可能だ、というのです。

アンチノミーというのは、あまり耳慣れない言葉ですが、二律背反とか自己矛盾ということで、漢文の授業で出て来る「盾と矛」の話と同じだと考えれば大丈夫です。簡単にいうと、二つの主張があって、二つはお互いにまったく正反対のことを主張しているにもかかわらず、どちらの主張にも正当性があって、そのために二つとも斥ける他はない、という困った事態のことです。

理念とは、いろいろな事象についての「観念（アイデア）」というよりも、現実を超えた神とか魂とか世界全体など、永遠の存在、あるいは永遠の理想について私たちが抱く超現実的なイメージのようなもので、具体的な認識ではなく、それを超えたある種の神秘的な思念ともいうべきものです。

純粋理性が生み出すアンチノミーとは、純粋理性つまり私たちの科学的探究を司る精神的能力が、具体的な経験的知識を超えた理念へと思考を羽ばたかせることで、必ずアンチノミーに陥ってしまうということです。カントによれば、われわれは誰でも、理性の働きを卑近な具体的事実の認識の範囲を超えて、理念的な世界にまで羽ばたかせようという強い欲求を、生まれつきもっている。そのために、自分の心を、神の存在とか魂の不死性など、超現実的な理念の世界へと飛翔させようという本性をもっている。ところが、理念的な世界についての科学的思考の冒険は、必ず二律背反に陥ってしまい、探究は挫折せざるをえない。そのために、人間は理念的なものについて思考をめぐらさずにはいられず、しかも、その思考は必ず挫折せざるをえない。これが、有限な知的能力しかもたない人間の受け入れざるをえない皮肉な運命である、というわけです。

カントはアンチノミーの問題を、科学的・理論的探究の能力である「純粋理性」を論じた『純粋理性批判』の中で扱っていますが、そこには四種類のアンチノミーが挙げられています。それぞれのアンチノミーは二つの主張からなる一組なので、四つのアンチノミーとは四組の根本的に対立する主張と見ることができます。その四組の主張は次のようなものです。

「世界は時間的、空間的に有限である／世界は無限である」

「世界はすべて単純な要素から構成されている／世界には単純な構成要素はない」

「世界のなかには自由が働く余地がある／世界には自由がなくすべては必然である」

「世界の諸事象の原因の系列をたどると絶対的な必然者に至る／系列のすべては偶然の産物で、世界には絶対的必然者は存在しない」

私たちが今問題にしているのは、いうまでもなくこれらの内の第一のアンチノミーです。これは宇宙の空間・時間の無限性／有限性を問題にしたものですが、以下の議論では簡単のために時間の側面だけに注目して、空間のほうは省略することにします（カント自身は両方の側面について論じていますが、その議論の骨子は同じものです）。

さて、アンチノミーを作る二つの主張を、ここではテーゼ（前の主張）とアンチテーゼ（後の主張）と呼ぶことにしましょう。カントによれば、私たちはこれらがどちらも正しいと証明できます。しかし、二つの対立しあい、矛盾しあう主張が共に正しいことになるのは不条理なので、この対立は解決不可能であること、つまり、これらの主張には回答がないという結論が導かれる、というのです（厳密にいうと、第三、第四のアンチノミーでは、二つの対立する主張はどちらも正しいけれども、その対立は互いにレベルを異にする領域での対立ではないので、真の対立ではない、という解決が図られます。この点については、後で、現象と物自体の区別について論じるところで、もう一度取り上げることにします）。

対立する二つの主張――宇宙は時間的に無限である、否、有限である、などの主張――はどちらも正しい。カントはそういうのですが、その理由は相当にこみいった理屈からなっています。まずテーゼの正しさを証明するために、その反対のアンチテーゼのほうを、正しい主張だと仮定してみる。そうすると、このアンチテーゼが間違っていることが判明するので、テーゼが正しいという結論が得られる。これは、仮に、ある主張の逆の主張のほうを正しいと仮定してみて、それを誤謬に帰着させることで元の主張の正しさを証明する、という議論のやり方で、「帰謬法」と呼ばれる証明のテクニックです。

テーゼはアンチテーゼが誤謬に帰着させられることで、その正しさが確保されます。逆に、アンチテーゼは同じく帰謬法のテクニックを使って、テーゼの誤謬が導かれることによって、その正しさが確保されます。そして、両方が正しい主張だということになってから、矛盾するものどうしが同時に正しいはずはない、という「矛盾律」を使って、二つの主張が共に却下されるのです。

カントのいう二律背反は、このように、それぞれの反対を論駁することでそれぞれが正しいとされ、その結果として両方が共に却下されるという、奇妙な論理的状況を作り出すのです。これは、「矛は盾に勝つ」、「盾は矛に勝つ」ということがそれぞれ別個に確認されて、結局どちらも勝てないことが分かるという「矛盾」の話を、武器の強さの問題ではなく、主張の正しさの観点から論理的な矛盾構造として浮き彫りにするという作業ですが、一見して感じられるように、矛と盾の話以上に複雑に入り組んだ構造をしています。

カントの本を読んだ同時代の人びとも、このような入り組んだ話に最初はあまり良い印象をもたなかったようです。そのために、彼の思想は当初は一種の詭弁（きべん）のようにも思われて、本気で考えようとした人も少なかったようです。アンチノミーの話を初めて耳にする私たちも、当然ながら、このように複雑な構造の議論には日ごろ慣れていないので、結構面倒な感じをもつかもしれません。しかし、彼の議論を冷静に考えた人びとは、やがて彼の議論の斬新さに大きな感銘を受けるようになりました。実際に、この議論には、「無限」とか「無」、あるいは「現在という時間」のように、哲学では非常に重要な言葉についての考察が盛り込まれていて、私たちの哲学的思考力に挑戦するような新鮮な力がみなぎっています。

無限の論争を断ち切ったカントの証明

それで、読者の皆さんにも少々の面倒は我慢していただいて、この複雑に入り組んだ議論を、もう少し詳しく見てもらいたいと思います。カントの議論の運びはだいたいこうなっています。

テーゼ＝世界は時間的に有限である。
アンチテーゼ＝世界は時間的に無限である。
テーゼの証明＝世界の時間が無限であると仮定すると、それが不条理であることは明白である、ゆえに、時間は有限である。
アンチテーゼの証明＝世界の時間が有限であると仮定すると、それが不条理であることは明白である、ゆえに、時間は無限である。

これらの証明の具体的な議論はこうです。

【テーゼの証明の中身】　仮に世界は時間的な始まりをもたないと想定してみよう。そうすると、世界の歴史の中のどんな時点をとってみても、その時点に至る無窮の時間が経過していた、ということになる。いいかえると、世界におけるすべての事物が互いに相続しあい、継起しあうような、継起的状態の無限の系列が過ぎ去ったことになる。しかし、無限の系列からなる継起ということは、継時的な過程がけっして完結しないことを意味している。それゆえ、過ぎ去った無限の世界系列ということはありえないことであり、したがってまた、世界が現実に存在するためには、世界の始まりがあったということが、必然的な条件だということになる。

【アンチテーゼの証明の中身】 仮に世界が時間的に始まりをもっていたと想定してみよう。始まりというのは、何かが現実にあるということである。そうすると、世界には物がまったくなくて、ただ時間だけがその前にあった、ということになる。つまり、世界が存在していなかった時間、空虚な時間の流れがあるだけだったということになる。ところが、何もない時間の流れの中で、何かが物として生起するというのは不可能である。空虚な時間にとっては、その中のどの部分を見ても、何かを生み出す契機をはらんでいるものはない。それゆえ、世界においては、さまざまな部分における事象の始まりは終わりということはあっても、世界それ自体の始まりということは生じない。つまり、世界は始まりをもたないので、その時間的な長さは無限である。

これがカントの議論の具体的な中身（『純粋理性批判』の中の文章を少し簡単にしました）ですが、この議論は本当に面倒くさいステップを踏んで進行していますね。これを読んで読者の皆さんはどう感じられましたか。哲学の議論は何と複雑な仕方で、単純なことを証明しようとするのだろうと、少々うんざりした方もおられるかもしれません。

とはいえ、右の議論はたしかに言葉が少々堅苦しいですが、議論そのものは手に負えないほど厄介なものではありません。厄介なのは、何といっても、テーゼの証明もアンチテーゼの証明も、それぞれ反対の命題の不条理性を暴く「帰謬法」というテクニックを使っているので、この証明の形式そのものが何やら頭を混乱させるところがある、という点だと思います。この点を注意しつつ、繰り返しになりますが、もう一度議論の要点をつかんでみることにしましょう。

【テーゼの証明の要点】　宇宙の過去が無限に遡ることができるものであるとすると、現在までに時間というものは無限の継起を経てきて、現在において完結しているということとなる。しかし、無限なものの継起というのは、たとえば、一、二、三……という数の系列の例からも明らかなように、その本質からして、どこまでいっても完結しない、ということを特徴にしている。したがって、無限に続いている継起が現在において完結しているという考えは、まったく不条理である。

【アンチテーゼの証明の要点】　宇宙が有限の過去の時点で始まったとすると、その宇宙の「始まり」以前には、何もない「空虚な時間」だけが流れていたことになる。そして、この空虚な時間のどこかの時点が、宇宙を突然に生み出したことになる。しかし、空虚な時間というのは、その本質からして、その時点にも特別な性質が属さない、のっぺらぼうの時間であることを意味している。したがって、その継起のどこかの時点で宇宙を誕生させる特別の性質が宿るというのは、まったく不条理である。

カントはこうした理屈を展開することによって、宇宙は有限であるとすることも、無限であるとすることも、共に誤った考えであると結論づけました。彼は、こうした議論は必ずアンチノミーに陥って、無限の論争を引き起こすだけだと断定しましたが、以上のような議論は、哲学の歴史でいろいろに論じられてきた、宇宙の大きさや時間的長さにかんして、延々と続けられてきた議論に、決定的な終止符を打つものとして、非常に強力なものだと広く認められるようになりました（たとえば、テーゼの議論は先に、アリストテレスによる有限宇宙を擁護する議論として紹介したものと、ほぼ同じ議論です。カントの功績は、同様の議論が、反対の主張にたいしても述べ立てることができるので、二つの主張は共倒れする他はない、ということをはっきりとさせたことです）。

カントの証明への批判

さて、以上の議論はその複雑な論証構造を別にすれば、かなりしっかりとした、シャープな議論であることは確かですから、それがしばらくたつと、カントの後の時代に、広く認められるようになったことはある意味では納得のいくことです。とはいっても、もちろんこうした議論ですべての人が納得したわけではない、ということも事実です。むしろ、カント以後の哲学の歴史は、このアンチノミーの議論でも納得しなかった、少数の例外的な思想家たちによって活性化されることになった、という面もあると思います。

ここではあくまでも参考までに、もう少しだけアンチノミーの議論につきあうことにして、右の議論について提起されるかもしれない疑問や批判についても、一、二点触れてみることにしましょう。これはあくまでも、参考までに挙げる議論で、これだけですべての謎が突き止められているということではありません。哲学の議論は、謎が謎を生むという感じで、次々と新しい問題関心が生まれるという性格をもつようです。読者の皆さんも右のような議論を参考に、それぞれの哲学的思考力を発揮して、独自の意見を書き留めてみるのも面白いかもしれません。

まず、アンチテーゼの証明のほうですが、カントはこの証明の中で、「世界や物が存在しなくても、空虚な時間が存在していた」という意味のことを書いています。彼にとっては、アンチテーゼの問題点は、この空虚な時間の中で宇宙が生まれるとすることが、空虚な時間の中に何かの特異点があることを認めることに等しいので、不条理だということになります。これはいわば、「虚無はどこにも区別がつけられない」、「無はいかなる性質をもつことも出来ない」、ということを理由にした論駁ということになります。

この理由はまことにもっともですが、しかし、そもそも虚無の時間であれ何であれ、世界の存在に先立って絶対的時間が無限の過去から存在していたはずだ、ということをあらかじめ認めているのならば、時間にかんする有限・無限の問題そのものが初めからない、ということになる。物がなくても時間があるのであれば、その時間が無限の時点の継起でできていてもかまわない、ということになりそうです。

反対に、テーゼの証明にも批判を加えることはできます。テーゼの証明では、現在の時点までに無限の時間が続いたとすると、無限の時点の継起的連鎖が現在の時点において完結したことになるが、これは不条理だといわれます。このことももっともなようですが、よく考えてみると、この議論は無限な時間が不可能だということとまったく別のことをいっています。

テーゼの証明がいっていることは、無限系列の完結は考えられないということだけで、無限の時間という考えそのものに矛盾があるということではない。困難はただ、時間は無限に流れているのだが、その流れが現在において突然止まってしまうことは、どう考えても理解できない、ということにあります。はたしてわれわれが経験している「現在の時点」とは、時間が止まった、時間の完結した瞬間であるのかどうか。これは、現在までに無限の時間の流れがあったのかどうかとはまったく無関係な、「現在時とは何か」という謎ですし、別の角度からいえば「時間の流れとは何か」という謎でもあります。

現象と物自体

カントの「純粋理性のアンチノミー」という発想について、そのごたごたとした議論の運びを、少々詳しく見てみましたが、そこには無限と有限、存在と無、過去と現在など、いろいろな事柄が複雑にからんでいることを、見ていただけたのではないかと思います。これらの問題は、専門的に哲学を探究しようとすると、どうしても本格的に取り組まざるをえない、重要な問題ですが、ここではとりあえずこれ以上追求しないことにして、もう一度、アンチノミーの基本性格ということに戻って、考えてみることにしましょう。

何度も確認しましたように、私たちは誰でも、宇宙の限界やその向こう側について、一度くらいは思いをこらしたことがあるはずです。そして、あれやこれや理屈をこねた挙句に、どうもこの種の難問は解決不可能ではないのか、という気分になったかもしれません。カントはこのような問題については、「原理的に回答が不可能」という解決しかない、といいます。しかし、そういわれてしまうと、今度はこれもまた、すぐには受け入れられない、乱暴な答えであるような感じがします。私たちはたしかに、宇宙の全体にたいする問題については、明快な回答をもちえない感じをもっています。しかし、それが絶対に不可能なのだ、といわれると、それもまたやはり独断ではないのかという気持ちに襲われます。

それでは、カントはなぜ、純粋理性の作り出す理念から、アンチノミーが出てこなければならないと考えたのでしょうか。そもそも、理念とはどのような知的作業の中で生まれるものなのでしょうか。アンチノミーの議論を受け入れるためには、実際にどのようにアンチノミーが生じるかということについて、理解するだけでなく、アンチノミーが発生するその原因をめぐるカントの議論についても、注意を払う必要があります。そして私たちはこの原因を理解するためには、彼が人間の精神的能力にかんして主張した、その能力の根拠と限界、というテーマについて、さらに詳しく見てみる必要があります。

ところで、カントに限らず、西洋近代のどの哲学理論にとっても、人間が自分の周囲にある自然や宇宙について、できるだけ客観的な知識を獲得しようとして、科学的な探究に従事し、その成果を積み上げることで、非常に体系だった、大規模な世界の見取り図を手に入れることに成功しているということは認められています。それはガリレイからケプラー、ニュートンへと進んだ西洋近代の科学の進展を見れば、疑いのないことだと思われるのです。

問題はただ、この見取り図が、本当の意味でどれだけ信頼性のある、確実で揺るぎのないものと認められるのか、ということです。西洋近代哲学の出発点に位置するデカルトやライプニッツの思想では、科学の進歩と信頼性について、非常に楽観的な見通しが立てられていました。デカルトは『方法序説』という書物の中で、科学を手にすることによって人間は「自然界の所有者にして支配者」になる、といっています。同じ表現は、デカルトより少し前のイギリスの哲学者ベーコンの本にもあります。しかしカントはこの点について、他の多くの哲学理論と比べると、その信頼性には大きな制限が課せられているということを強調するのです。

カントの理解では、人間にとって世界についての科学的探究が可能であるのは、人間自身が自分の外に広がる世界について、それを一つの「現象的世界（phenomenal world）」というものとして認識する力をもっていることに起因します。私たちはたしかに、自分たちにとっての外界を、一つの「経験的な世界」として構成する能力をもっています。私たちは自分たちの経験を通じて、さまざまな事象を探索し、その結果をまとめあげて、大きな世界へと整理する作業を行っていますが、これは自分にとっての一つの世界の「構成」です。

この場合の構成とは、作り出すこと、組み立てるということですが、具体的には、自分たちの理解できるような形に世界そのものを組み立てて考えること、世界を理解可能な仕方で整理することを意味しています。この経験的な世界の構成は、しかし、世界の「創造」ではありません。世界の構成の素材となるものは、私たちが自分で作り出したものではなくて、もともとそこにあったものです。ただ、さまざまな経験を通じていろいろな事実を集めていって、それらの素材によって、自分にわかりやすい一つの世界を作り上げます。その時に、素材をもとに一つの世界を構成するために、私たちは自分のもっている知的な認識能力を使います。私たちの認識能力は、素材としての事実の集積から、一つの秩序ある世界を構成する能力です。

そして、その認識能力が行う具体的な作業とは、外界から与えられる素材を、時間的、空間的に秩序だった枠組みへと組み込むとともに、時間的、空間的に位置づけられた諸々の事実の中に、法則的な規則に従う変化の因果関係を読み取る、ということです。私たちは、視覚や聴覚などの感覚器官を通じて手にすることのできるデータをもとに、諸々の事実が時空的に特定できる事象間の間で、因果的な法則性を示すような一つの世界を構成します。そうして出来上がるのが、たとえば多くの物体どうしの間で引力という力が、数学的に厳密に表現できるような法則に従って働くとされる、近代的な力学的世界です。

さて、われわれは混沌とした素材を使いながら、時空的に統一のとれた、しかも法則的に規則だった、しっかりとした世界を生み出すのですが、そうした確固とした世界はあくまでも、私たち自身が構成したという意味では、非常に限定された確実性しかもっていません。というのも、科学を通じた経験的世界の構成のための手段は、自分たちの精神の働きという非常に限られた能力にあるので、それが生み出す世界も非常に制限のある、有限な妥当性しかもたない世界である、ということになります。

カントはそのために、われわれが科学的探求を通じて構成する経験的世界のことを、あえて「現象」と呼びます。現象とは、無数の事物が立ち現れている、目に見える世界、私たちにとっての現れの世界ということですが、たんに現れているという意味だけでなく、同時に、その立ち現れた姿が本物ではない、物の実相そのものではない、あくまでも皮相な、表面だけのものだ、という意味ももっています。経験的世界は、現象的世界であるかぎりにおいて、けっして本物の世界、世界の事実の実相に迫った姿ではない、ということです。つまり、カントの考えでは、科学的探求は物事の表層だけを見て作られる、現象を構成するけれども、真実の世界のあり方を暴き出すものではない、ということになるのです。

それでは、どうして、人間の認識能力の下で構成される現象世界は、決して物事の真相に迫ることのない、表面だけの姿しか示していないのでしょうか。なぜ、科学的探求は物そのものの本質に迫ることのない、ある意味では偽物の姿しか私たちに教えることがないのでしょうか。

人間は世界そのものを知りえないのか？

カントはこの問題について、次のように説明します。今述べたように、私たちが外界を認識する道具は、世界の事物について時間的、空間的にその位置を特定し、その事物がどのように移動したり変化したりするかを因果法則という形式で表現する、人間の認識能力そのものです。

私たちはまず、いろいろな事物を空間的に捉え、時間的に記述します。たとえば、太陽系の惑星の運動について、それぞれの惑星の位置を考え、それがどのような速度で太陽の周りを運動し、そのような時間経過の下で自転したり、公転しているのかを考えます。これが、時間的、空間的枠組みの中で、火星や土星などの事物を、時空の枠組みの下に位置づける作業ですが、われわれはそれだけでなく、さらに、これらの惑星と太陽との間に働く引力の作用も勘案して、太陽系という一つの運動システムの力学的因果関係を法則的に捉えようとします。私たちはこのように、時空の枠組みと、因果性の概念という二つの「形式的な」能力を使って、この運動システムを理解するのですが、問題は、この枠組みと概念とが、まったく人間という私自身にのみ備わった、非常に特殊な認識能力だ、ということにあります。

カントは時間や空間という枠組みで事物を対象として特定することを、時間という「直観の形式」を用いた対象の把握だといいます。また、それらの対象の移動や変化について法則的に記述することを、（因果性という）概念を用いた「命題の表明」だといいます。人間にとっては、これらの対象把握と命題の表明の道具立て、つまりその形式は、生まれつきそなわった、誰もが身につけているもので、そのために私たちはいろいろな経験を積んだり、情報を集めたりする以前に、こうした能力を発揮する精神的基盤をあらかじめもっているのです。しかし、これはわれわれ人間に特有な、人間だけに備わった能力であり、基盤であるので、人間とは違う思考法や、人間の能力を超えたもっと強力な理解力をもつ知性的存在者にとっては、そもそも必要のない道具立てなので

す。

たとえば、人間よりもずっと世界についての透徹した理解をもちうる天使のような知性であれば、世界についての時間や空間といった枠組みや、因果的法則という概念は、必要がないことであろう。そしてもちろん、全知全能の神のような精神が存在するとすれば、世界の隅々まですべての事が、一瞬のうちに、空間や因果性などと無関係に、全面的かつ徹底的に理解されるにちがいない。

カントはこう考えて、私たちの理性が捕まえる世界の姿は、あくまでも人間という存在者に固有の、特殊な、限定された姿であって、世界の実相そのもの、世界の物自体の姿ではない、と考えるのです。これはちょうど私たちが、特殊なメガネをかけて世界を見ると、そのメガネの特性にあった奇妙な世界が見えてくる、というのと同様の状況です。人間のもつ認識能力は、人間風に世界を見るために私たちに与えられたもので、人間風に世界を理解するようにできた、偏った、ゆがんだ能力だということになります。したがって、科学がどんなに進歩しても、それが教えてくれることは人間から見た現象世界でしかない、というのがカントの悲観的な科学観なのです。

しかし、たとえどんなに私たちの能力が限りある、偏ったものだとしても、私たちは宇宙全体の空間的な広がりや、時間的な継続の歴史について、多少とも理解をし、その理解を少しずつ進歩させていくことはできないのでしょうか。そして、私たちは宇宙が空間的・時間的に無限であるか有限であるか、最終的な回答へと至るわけにはいかないのでしょうか。

カントはこう答えます。それは原理的に不可能である。なぜなら、経験的世界において認識されるすべての事物や事象は、必ず、空間と時間という形式的な枠組みの中で特定されている、具体的な対象でなければならない。これはつまり、すべての認識の対象となるものは、時間や空間の中の特定の「部分」であって、その「全体」ではありえないということです。宇宙や世界の全体は、それがまさしく空間と時間の全体であるという限りで、認識の対象となりえないし、その法則や性質について言及したり、分析したり、解釈したりすることはできないのです。私たちは世界を現象として理解する。それはすなわち、世界の特定の部分を認識するが、その全体を認識することはない、ということを意味しているのです。

それゆえ、私たちは現象を自分から生み出していて、物自体は生み出すことができないのですが、私たちがそれで満足できるかといえば、必ずしもそうではありません。私たちは自分の精神の能力の有限性を意識したとしても、そういう非常に限られた能力を、乗り越えるわけにはいかないのか、と考えます。なぜなら、人間精神の働きには、その限界を自ら破ろうとする欲求がもともと含まれているからです。人間は目の前の限られた世界を超えて、より広いところ、より高いところを目指します。そして、より広い、より高いだけでなく、すべてを包括する、全面的な理解、すべてを統一する完全な世界理解がありうるのではないか、と夢見る性質をもっています。そして、人間の理性が、このように一切を全体の相の下で見渡したい、と考えるときに生まれるのが、まさしく「純粋理性の理念」なのです。

理念とは結局、人間の認識能力の限界を無視するという形で夢見られる、理想的な認識のあり方です。それは人間の理性が生まれつきもっている、一種の知的傲慢の傾向です。私たちは限りある世界を超えて、全面的な世界そのものをつかみ取り、それを全体として理解しようとしますが、その結果はかえって、アンチノミーという思考上の隘路(あいろ)へと迷い込んでしまうことを運命づけられています。私たちがこの運命から逃れるためにできることは、ただ、自分の知的傲慢がアンチノミーに陥る可能性があるということをしっかりと自覚して、その不毛な企てや無謀な試みへの欲求と、きっぱりと手を切ることだけなのです。

物自体としての「人格」

カントによれば、人間は自然的世界の「所有者にして支配者」になるどころか、あくまでも現象界としての空間的・時間的世界の変化や運動を理解できるだけです。われわれにとって大切なことは、自然全体へのあくなき妄想ではなく、具体的な事象についての限定的な理解を求めることだけです。しかしながら、物自体を認識することができず、現象だけを認識するにとどまるという私たちの能力は、決してそれ自体として嘆かわしい、残念なことではありません。カントはむしろ、人間の理性の認識能力の有限性が、理性の別の側面の能力の発揮のために、非常に重要な意味をもつのだと考えます。

彼は、私たちが現象しか理解することができず、物自体を把握することができないということは、理論的理性にとっては大きなハンディキャップのように思われるとしても、実際には理性そのものの短所ではない、といいます。というのも、人間は理論理性においては有限でも、実践理性という別の側面では絶大な力をもっていて、その力の発揮こそが本当の意味での人間の尊厳を示していると考えるからです。実践理性とは、私たちがこの章の冒頭のところで触れた、「私の内なる道徳法則」にしたがって行動する能力、つまり社会や共同体の中で各人が道徳的な行いを行おうと意志し、それを実行に移そうとする能力です。カントはこれこそが、人間理性のもっとも重要な働きであり、この働きの中で、理性は現象世界を超えて、物自体の世界に触れることができると主張するのです。

もちろん、人間が認識作用という仕方で精神を働かせている限り、理性は理論理性にとどまっていて、現象世界の認識しか行うことはできません。それは科学的な方法に従って、秩序ある自然像を作ろうとする作業ですが、その自然像はどこまでいっても、私たち人間の思考能力によって作り上げられた現象にすぎません。ところが、認識作用とはまったく別の作用の局面では、人間は現象世界を超えて、物自体の世界に触れることができると、カントは考えるのです。人間の精神は、世界を科学的に知ろうとする、認識作用だけを行っているわけではありません。人間の精神は知識の追求という役割とは別に、非常に重要な役割を担っています。

それは人間が、実際に社会の中で行為すること、人と人との関係の中で、自分の反省の能力にもとづいて善悪を判断し、その判断に従って自分の行動を実践しようと、意志をコントロールすることです。人間は自然世界についての冷静な真理の追究とは別に、人間同士の正しい関係について反省し、それとの照合の下で、自分の行動や習慣を律しようとする能力をもっているのです。

私たちはたしかに、認識するだけでなく、善悪を判断し、それに従って行為することができます。私たちはたとえ多くの人によって、何かをするよう強制されそうになっても、自分で良くないと判断することは、したくないと思うでしょう。たとえば、クラスの中に皆によっていじめられている人がいても、その人に落ち度がないなら、いじめに反対して、何とかしてその人を助けたいと思うでしょう。私たちは誰でも、自分自身で考えた価値判断の規準に従って、自分の行為を選び取り、それを実行に移そうとする能力をもっています。私たちは生物としての人間として見れば、たしかに他の生物と同じように、さまざまな生理的制約の下で生きています。しかし、人間を生物ではなく社会的存在者として考えれば、自分の行動を自分の価値判断の規準で評価し、それを実行に移す自由をもっています。実践理性の働きとは、人間精神がもっている、このような自律的行動を追求する能力のことをいいます。

物自体にふれる人間の可能性

とはいっても、そうした行為の能力が、物自体との接触という可能性をもつとは、どういうことでしょうか。先ほど見たように、物自体の把握は認識の次元では、たとえば天使のような存在者にのみ許された、特別な作用を意味していました。しかし、われわれ人間が自分の善悪の判断にもとづいて行為を選択し、それを実行に移そうとするときには、われわれは認識とは別の意味で、物自体を把握していると考えられる――カントはこういうのですが、これはどういう意味でしょうか。

カントによれば、私たちは世界の中のさまざまな自然現象について、空間と時間という枠組みを利用し、さらには因果的法則性という概念に従って、その運動や変化のあり方を理解しようとしています。すでに見たように、これはニュートンがリンゴの落下を見ながら、月や惑星の運動のことを理解できたように、基本的に自然界の一切の現象変化の中身を、万有引力の法則を含むいくつかの運動法則で整理するということです。つまり、理論理性が行う自然世界の認識とは、私たちの周囲の世界を力学的な法則で理解するということですから、少々乱暴にいえば、科学によって世界を考えるということは、世界を機械仕掛けの時計のようなものとして考える、ということを意味しています。私たちはもちろん、積極的にこのような見方をすることで、自然世界のメカニズムを冷静に考え、その絶妙な仕掛けに感激することができるようになるのです。

ところで、私たちはリンゴや月や太陽からなる自然世界の中で生活し、そのメカニズムを追求していると同時に、社会の中で、人間どうしお互いに交流しながら生きてもいますから、私たちは自然の産物であると同時に、社会に生きる生物です。しかしながら、社会の中での人間どうしは、太陽系の中での惑星どうしや、リンゴと地球との関係のように、「力学的」な関係によって支配された、機械仕掛けの運動を行っているのでしょうか。私たちは歯車やゼンマイのように、互いに組み合わさって、一つの大きなメカニズムを作動させるための駒となって働いているのでしょうか。

たしかに私たちの生活の一部には、機械の駒のような行動を強いられる側面もまったくないわけではありませんが、それが社会全体の基本的な性質だということは、やはりありえないでしょう。私たちはいつもいろいろな面で、複数の人間どうしお互いに相談したり、助け合ったり、競争したり、対立しあったりして暮らしていますが、そうしたいろいろな関係からできている社会全体は、地上の植物の世界とも太陽系の惑星のシステムとも異なった、人間どうしのさまざまな欲望と善悪の判断、無数の信念と希望によって生み出された行動のからみあう、「共同体」という世界です。

共同体の中の出来事は機械の中の出来事ではありません。共同体の非常に複雑な結びつきと働きを構成しているのは、歯車やゼンマイではなくて、私たち自身の一人一人です。社会のメンバーである私たちは、それぞれ一個のかけがえのない人格であって、人格は機械の駒ではありません。各人は一個の人格として、自分の頭で考え、自分の好みや欲求を選び出し、自分で行為へと赴くことのできる、自由な主体です。しかも、私たちは自分自身がそうした自由な主体であることを理解しているばかりではなく、私が関係しあう他の人もまたすべて、それぞれの頭で考え、それぞれの信念と希望で生きている人間だ、ということをよく理解しています。

私たちは自分の生きる共同体が、お互いにお互いを人格として理解し、その理解の下で互いに関係しあっていることを、十分に承知しています。そうだとすると、社会の中に生きる私たちが、自分たちを機械の駒ではなくて、一個の人格として捉えるとき、私

たちは自分たちにたいして、現象世界の中に現れる対象とは異なったレベルでの存在者、という見方をしていることになります。私たちは宇宙や物質的世界を力学的メカニズムと考える一方で、同じ外界でありながら、自分がそのメンバーである社会という人間世界については、それがメカニズムではなく、助け合い、あるいは競いあう、まったく別の世界だと考えているのです。

カントは、われわれが共同体の中で生きるかぎり、互いが互いをたんなる現象の一部ではなく、物自体として扱う可能性をもっているというのですが、それはこうした私たち自身の相互理解の特異な性格に着目するからです。人間の歴史に現れた社会のなかには、人びとが奴隷制を容認したり、独裁者によって極端な非人間的政治が行われたことも少なくありません。そして、それは現在なお世界の中で見られる現実であるかもしれません。こうした社会では、一部の人びとを除くと多くの人びとが機械の歯車やゼンマイのように、扱われています。そこではいわば、各人がそれ自体として価値をもつ、一個の人格としてではなく、たんなる道具として扱われているといえるでしょう。

カントにとって、われわれ人間が目指すべき社会は、こうした道具としての人間の存在を拒否して、それぞれの人格を互いにそれ自体として価値をもつ、それ自体として尊厳を要求できる存在とするような社会です。それは、人格どうしが互いにその尊厳を認め、守ろうとする社会です。彼はこうした社会がいわば、物自体としての人格構成というメンバーによって構成された「目的の王国」であると考えるのです[3]。

目的とは手段の逆の言葉です。何かが手段となって目的が実現されます。実現されるべきなのは各人が追求している、自分自身の尊厳ですが、それは互いに互いを尊敬しあい、互いの価値を認め合うことによってのみ達成されます。自分自身の価値が他人への関係によって実現され、それによって自分の尊厳も他人の尊厳も生み出されるというのは、少し変なことですが、それは他の人を特別に助けたり、社会への善行をたくさん積むことで、段々と自分の人格が形成されて、偉い人になるということとはかなり違います。

私たちは他人を助けることができますが、同時に、他人を出し抜いて自分だけ得をするような行動をとることもできます。そして、日々の生活の中で、自分だけ得をするような行動を採用しても、それ自体としてはけっしてとがめられるべきことではありません。誰でも一番大切なのは自分自身の幸福ですから、そのための方策として、自分の利益だけを大切にする利己主義に徹し、他人への思いやりや配慮をできるだけ少なくしようとすることも、それ自体として悪いこととはいえないでしょう。それ自体として悪いことは、他人に危害を加えたり、他の人のものを盗んだり、極端な場合には他人の命を奪ったりするような、具体的に罪に問われるような行動です。そして、誰でもそのような行動には、その行動の責任者にたいして、罪に見合った罰ということが社会的に課せられるべきだと思うでしょう。

このように、人間の行為の善悪は一人一人の個別的なケースについていえば、格別に道徳的な規準を考えて、善人らしく振るまうことなく、単純にその人にとっての損得とか、何が賢い選択なのか、というレベルで考えることができますし、ある意味では、利己的な行為をすることも、利他的な行為をすることも、各人の好みや性格で考えれば、毎日の生活における具体的な行動としては、それで十分だといえると思います。私たちは他人の人格を認めはしますが、それによってその尊厳を重視し、現象の一部ではなく一種の物自体のような存在だとまでは考えなくても、とりあえずは生きていけます。

共同体のなかに生きる人間

とはいえ、私たちの善悪の判断には、こうした日常生活レベルでの具体的な行動だけでなく、各人のそれぞれにまかせるわけにはいかない、もっと一般的な基準が必要となる側面もあります。たとえば、今あげたような、何らかの犯罪にたいして、罰を与える必要があるという場合、その罰の重さをどの程度にすべきかということは、よく考えてみると、非常に難しい問題であることが分かるでしょう。何らかの形で犯された罪にたいして課せられるべき刑罰の重さということは、たんなる個人の判断の問題ではなくて、むしろ一般的な基準の問題の一つだということが分かります。いうまでもなく、裁判で問われるのは、個々の悪行の細かい事実の中身ではなく、それが社会全体に共通の規則ないし規範にたいする、どのようなタイプの違反なのかということですし、それにたいして必要な罰則はどのようなタイプの罰なのか、ということです。いいかえると、何が罪で、それにどのような罰が必要なのか、といったことは、私たちの個人的な好き嫌いでは決められない問題です。

したがって、私たちが社会の中で生活し、共同体の一員として暮らしていくためには、それぞれが利己的な態度を取ったり利他的な姿勢をもとうとすることとは別に、人間どうしの関係において、いかなる行動の原則を基本の原理とするべきなのか、ということがどうしても問われてきます。つまり、個人個人の行動方針とは別に、社会全体にとっての共通の規則はどうあるべきかということが、何らかの仕方で考えられる必要があるのです。

しかし、このような社会全体の行為の規範となるべき、人間の行為の原則が必要であるとしたら、われわれはそれをどうやって見つけることができるのでしょうか。カントは、そうした共同体全体の行為の規範を考える能力が、われわれ人間の一人一人において、実践理性という形で備わっていると考えます。私たちは、自分が属する社会の全体が、いかなる共通の行動規範の下で統率されているべきかを、自分自身の思考力を使って考えることができます。われわれは自分の社会のあるべき姿について、「自己立法」を行うことができるのです。私たちは、一人一人それぞれで、いわば社会全体の代表者となって、その社会の道徳と政治の原則をうち立てる能力を、内に秘めて生活しています。そして、私たちは、その原則を考えつつ、自分自身の具体的な行動方針を、そうした原則に合致させるべきか、それとも無視するべきか、自分の中で反省し、判断する能力をもっています。

先に見たように、私たちが利己的に生きるか、それとも他人のために積極的に行動すべきかは、とりあえずは、私たち自身の性格の問題であり、好みの問題です。しかし、もしも、自分自身があるべき社会の行動原則について、その理想的な姿を描きだすことができるにもかかわらず、毎日の自分自身の行動方針についてはまったくそれを無視して、いわば自分だけの生活のルールで暮らしているとしたら、どうでしょうか。それはある種の自己分裂した姿として、けっして望ましい生活態度とはいえないでしょう。

カントは、われわれ人間は自分の実践理性を使って目的の王国を実現しようとすることができると言いますが、その意味は基本的には、われわれがこうした理性の自己分裂を、自分の責任で避けることができるということです。われわれは自分の共同体に共通の規則を、自分の責任で考えようとすることができます。そして、その規則に照らして、自分の日々の行動方針が、正しい方針であるか、間違った方針であるかを、これまた自分の責任で判断することができます。われわれはこうした複雑な経路を通って、自分自身の行動を律しようと考えるのです。

私たちがそれぞれの理性の能力を発揮して、共同体の共通の原理を考案しようとするとき、その共通の原理のことを「道徳原理」と呼びます。私たちは道徳原理に照らして、日々の生活における自分の個人的な行動方針の善悪を判断し、その結果として自分の行動を承認したり、間違っていると考えて反省したりするでしょう。

実践理性がわれわれに課する道徳原理は、社会の中の自分以外のメンバーを、道具や手段でなく、それ自体として価値あるもの、一個の物自体としての人格として扱えと命じます。私たちがこの道徳原理の命令に目を向け、その命令の下で自分の行為の日々の善悪を反省し直すこと、それが科学的な自然認識の能力である理論理性の働きとはまったく別の、今ある共同体を道徳的な目的の王国へと変換しようとして働く、実践理性の力です。人間の実践理性は、自分の中にある道徳法則に目を向け、その価値を認め、その命令に従って、社会の法律を定めるとともに、自己の行動方針を改めようとするのです。

宇宙への思考と道徳原理

私たちの考察は、宇宙や天文学の話題からだいぶ離れた、人間社会の問題になってしまいましたね――。でも、この二つの話題は少なくとも、カントという哲学者の思想の中では、とても密接に結びついていたのです。彼のいう理論理性は、天空にひしめく無数の星々の運行を支配している、力学の法則を目の当たりにして、その素晴らしさに驚嘆の念を抱き、崇高さを感じ取ります。しかし、それはあくまでも、現象世界の中に、私たちが科学的真理の追究という作業において感じている崇高さです。これにたいして、実践理性はわれわれの内なる精神の法則を、道徳原理として発見し、その価値を自らの責任で承認します。われわれは道徳原理を見ることによって、それが個人の好みや傾向を超えた、もっと大きな拘束力をもつことを知ります。そのために、われわれはこの内なる法則についても、その偉大な崇高さを感じざるをえないのです。道徳的原理は、物自体である人格どうしの世界の法則であり、それについて考えれば考えるほど「私の心を驚きと畏敬の念でますます満たす」ようになります。カントはそれが、私たち人間のもつ「理性の事実」だというのです。

第3章

宇宙人は「知性」をもつのか？——現代哲学の挑戦

ビッグバン宇宙論と地球外知的生命体

私たちはこの本の第1章で、無数に星がきらめく天空のなかに、数学的な秩序を見つけて、その構造を明らかにしようとした、古代ギリシアの人びとの考え方に触れました。

そして、次の第2章では、古代から近代への宇宙像の変換について考えてみました。それは一般に、天動説から地動説への移行として理解されていますが、それだけではなく、有限の宇宙から無際限の宇宙や、機械論的自然像の確立など、さまざまな要素からなっていました。私たちはこの宇宙像の変動に平行して形成された、西洋近代の哲学についても学んだのですが、とりわけ、その完成者であるカントの哲学思想の内容を見て、宇宙論と社会論・道徳論が結びついている、その独特の性格にかんして何とか理解を得たいと考えたのでした。

さて、古代から近代へと動いたこの宇宙論の変革は、近代から現代へという歴史的進展のなかで、あらためてもう一度、非常に大きな変動を迎えます。それが、二〇世紀に誕生して、西洋近代のニュートン的な自然像に代わる「ビッグバン宇宙論」という新たな発想の登場です。

ニュートンの考えたような、西洋近代の標準的な宇宙の理解では、宇宙は厳密に無限の歴史をもつものであるかどうかは不明です（いうまでもなく、この問いに確定的な答えを与えようとすると、カントのいうアンチノミーが出てきます）。しかしさしあたって、その広さや時間的持続は「無際限」なものであると考えられました。無際限というのは、本当の無限ではないが、ともかくどこまでいっても限界に突き当たることはないほど大きい、という意味です。

一七世紀や一八世紀の西洋近代の世界像によれば、宇宙は、はっきりとした有限なサイズや、明確な有限な歴史をもたないという意味では、少なくとも無際限であると考えられました。そして、こうした無際限な自然世界という考え方は、ヨーロッパの基本的な世界理解にとどまらずに、徐々に西洋以外の世界にも浸透するようになりました。よく知られているように、一九世紀にはイギリスやフランス、ドイツで産業革命という文明の大変動があって、そのために世界における西洋の経済的な覇権というものが確立されました。そして、西洋文明と科学は、その絶大な経済的・技術的な勢いの下で、さまざまな地域へと伝えられることになりました。私たち東アジアの人びとは、それまで長い歴史の中で、中国やインド由来の宇宙像、世界観、自然の見方に親しんできましたが、そうした伝統が西洋からの侵略や解放の影響で、大きく揺らぐことになり、あらためて西洋式の世界観に目を開くことになりました。日本では江戸末期から明治維新にかけての時期に、西洋の文化と技術の大規模な移入が行われましたが、それはそれまで鎖国の中にいた私たちの祖先にたいして、とてつもない思想上の大変革を求めたことだったと思われます。

デカルトやカントに代表される西洋近代の科学と哲学は、一七世紀と一八世紀に形成されたものですが、それが世界中に伝わって、いわば全世界共通の正しい世界観、自然観となったのは、一九世紀の中頃から二〇世紀の前半にかけてのことです。第一次世界大戦は一九一〇年代におきていますが、その頃には世界のほとんどの国の人びとが、地球を含むこの宇宙の構造は無数の星雲の集合であると考えるようになり、その集合の広がりにはほとんど限界がないと考えていたはずです。デカルトやニュートンが青写真を描き、カントがその青写真の正当性を証明しようとした西洋近代の機械論的世界観は、今から一〇〇年前ころにようやく万国共通の自然の見方となったのです。

宇宙像の二度目の転換

ところが、二〇世紀になって初めて世界共通のものになった、この近代的な世界理解は、皮肉なことに、二〇世紀も中盤を過ぎると、徐々に信憑性を失うことになりました。ニュートンやカントが考えた宇宙は、その中でさまざまな天文学的変化が生じているとしても、全体としてはほぼ永遠に変わらない構造や性質をもった、安定した世界です。それは「定常的な宇宙」です。ところが、私たちにとって前世紀にあたる二〇世紀の途中頃から、宇宙はどうやら定常的なものではなくて、全体としてたえずそのサイズを膨張させ、星と星や、星雲と星雲の距離がどんどんと開いていっている、膨張宇宙であるらしいということが分かってきました。これは、大掛かりな天文台などの建設を通じて、宇宙観測の技術が飛躍的に発展することによって、はじめて分かるようになったことです。

しかし、私たちが住むこの宇宙が、常に膨張を続けているということは、逆にいうと、宇宙は以前にはもっとずっと小さかったということです。というよりも、この宇宙が膨張しつづけているということは、宇宙の歴史を逆に辿れば、それはどんどん縮小していって、ほとんどゼロの大きさの世界になってしまうということです。これは何を意味するのでしょうか。すぐお分かりになるように、それは、宇宙には始まりがあったということを意味します。

宇宙には最小のサイズの時があって、そこから現在の宇宙まで、絶え間なく膨張がおきてきた。しかも、膨張は単純なペースで、連続的な感じで生じていたのではなくて、宇宙誕生からほとんど時間がたっていない、最初の非常に短い時間の間に、とてつもなく大きな爆発的膨張があって、そこから宇宙を作る基本的素材である水素やヘリウムが飛び出してきた。そのとてつもなく大きな爆発を「ビッグバン」と呼ぶとすると、私たちのこの宇宙は、ビッグバンによって最初の姿が形成され、そこからの星の誕生や化学元素の誕生によって、さまざまな自然の素材が生まれてきたのだ――これが、二一世紀を生きる私たちが、現在ふつうに理解している、ビッグバン宇宙論の考え方です。おそらく読者の皆さんも、日ごろからこの考え方にはずいぶん慣れ親しんでいるでしょうから、宇宙に始まりがあったと聞いても、現在では格別の違和感を覚えることはないでしょう。私たちの今日の常識では、宇宙には始まりがないとか、その歴史を通じて大きな

EXPANDING
UNIVERSE

変化はなかったという定常宇宙の考え方のほうが、かえっておかしな見方だ、という感じさえします。

カントの証明は間違いだったのか？

さて、カントは西洋近代のニュートン型の世界モデルをもとにして、宇宙には始まりがあるともないともいえない、というアンチノミーの議論を組み立てたのでした。これにたいして、現在の私たちの常識では、宇宙には始まりとその直後のビッグバンがあったということになっているのですから、カントのアンチノミーの議論は最終的には間違っていた、ということにとりあえずはなりそうです。つまり、古代の天動説が誤りであったのと同じように、近代のニュートン宇宙論＋カントの時間空間論もまた、正確にいえばやはり間違いだった、ということになりそうな感じがします。

といっても、本当にそうかどうかは、なかなか微妙な問題です。なぜなら、この点について、われわれは厳密にはどう考えたらよいかというのは、じつはとても興味深い、しかも相当に厄介な問題だからです。

まず、この問題がかなり厄介だというのは、私たちの現代の物理学や天文学が、ニュートンの時代の古典的な力学とは違う、相対性理論と量子力学という、まったく新しい物理学を基礎にして組み立てられているからです。これらは二〇世紀の初めに生み出された、二つの画期的な物理理論ですが、皆さんも相対性理論を生み出したアインシュタインや、量子力学を作ったプランクやハイゼンベルクという学者たちの名前を耳にしたことがあるのではありませんか。

相対性理論は重力という、宇宙全体の大規模な構造や運動を支配する力を軸にして考えられる物理理論です。これにたいして量子力学は、物質の最小の単位である原子や電子、さらに小さいクォークなど、素粒子の構造や運動を支配する力にかんする理論です。相対性理論が相手にするのは、重力という一種類の力の作用ですが、量子力学が相手にするのは、電磁気力、強い相互作用、弱い相互作用という、三種類の力の作用です。現代物理学では、この自然世界全体が、これら四つの基礎的力によって動かされていると考えます。それゆえ、これら四つの基礎的力の作用どうしの関係について、一つの整合的な説明図式ができれば、私たちは自然世界全体についての本当の理解を手にしたことになるはずです。

ところが、量子力学に登場する三つの力どうしの関係については、それを説明する図式が完成していますが、これらと重力とを結びつけて、宇宙の一切の事象を説明できるような、いわゆる「大究極理論」というものは未だに見つかっていません。いいかえると、宇宙についての超マクロの理論（相対性理論）と超ミクロの理論（量子力学）は、現在でもまだ完全には統一されていないということです。

このことは、ビッグバン宇宙論が考える宇宙の最初の状態の理解ということにも、大きな影響を及ぼします。というのも、宇宙の始まりにおいて、宇宙は極小の大きさしかもたなかったことになっています。しかも、その最初の宇宙の中で、さまざまな基本的物理法則そのものが生まれてきたとされています。つまり、驚くべきことに、マクロとミクロの世界の力は、宇宙の始まりの時点では一緒になっていたはずなのです。ところが、これらの力どうしの関係について、大究極理論が今でも見つかっていないということは、宇宙の始まりの様子について、私たちはまだ完全には、その理解を手にしていないということになるでしょう。

いずれにしましても、ビッグバン宇宙論でいう宇宙の始まりとは厳密には、宇宙のサイズが量子力学的な観点から見て最小の単位とされる、プランク・サイズより小さい大きさだったとき、を指しています。また、ビッグバン宇宙論でいう「無からの創造」とは、「量子論的な真空状態」からの宇宙の卵の誕生を意味していて、その真空状態が孕む「トンネル効果」によってこの宇宙が誕生したのだ、といわれたりします。これらの説明は量子力学という物理理論を背景にしてのみ意味のある説明ですから、現代の物理学による説明は、カント風にいえば、やはり現象であって物自体の世界ではない、ということもいえるでしょう。ともかく量子論的な真空状態が、まったくの「無」を意味するのかどうかは、それほどはっきりとしていません。そう考えてみると、ビッグバン宇宙論で考える宇宙に「本当の始まりがある」といえるのかどうか、なかなか厄介であることは、何となく理解していただけるのではないでしょうか。

一方、このテーマが興味深いというのは、この量子論的な世界像では、場合によっては、私たちが住むこの宇宙の他に、他の宇宙が並行して存在していたり、あるいは時間的に先行して存在していたと考えることもできる、といわれているからです。これはいいかえると、この宇宙の「外に」、まったく別の宇宙が平行しているのかもしれないし、あるいはまた、私たちのこの宇宙には始まりがあるが、「それ以前にも」別の宇宙が時間的に先行して存在していた可能性も排除できない、ということです。これはカントのアンチノミーとは別の議論ですが、何となく違うルートを取りながらも同じような決着不可能な議論へと向かっている、ともいえるでしょう。

さて、現代科学から見たカントのアンチノミーの意義については、このように結構微妙で厄介な点があるのですが、興味のある方はぜひ、ビッグバン宇宙論での宇宙時間の有限・無限について、関係のある参考書などをひも解いてみていただきたいと思います。

「宇宙人」は存在しうるか?

ここから以下の議論では、この問題についてはこれ以上取り上げることをやめて、ビッグバン宇宙論の誕生によってあらためて問われることになった、もうひとつ別の哲学的問いについて考えてみたいと思います。それはこの章の表題からも知られるように、この宇宙には私たち以外にも知性をもった生命体が存在するのかどうか、そして、その存在の有無はどうやったら確かめることができるのか、という問題です。

　ビッグバン宇宙論がそれ以前の宇宙論と違うのは、この宇宙が時間を通じて変化しつづけているということです。それ以前の古代や近代の定常宇宙論では、宇宙の中のあちこちに、さまざまな変化が生じていたとしても、その大局的な性質や構造には大きな変化がなかったとされます。ところが、宇宙が量子力学的真空状態の中から誕生し、ビッグバンを起こし、さまざまな物質が飛び散り、そこから星雲や恒星が次々に生まれたとなると、宇宙はこれまでの歴史のなかで、無数の変動を経験し、その過程で無数の星を何度も何度も生み出してきた、ということになります。

　私たちの地球はもちろん、この無数の変動のドラマの中で生まれたものです。それは太陽系の誕生から派生したものであり、太陽系の誕生は何らかの超新星爆発によって生じたものであり、さらに、その爆発の元となる巨大な恒星は、それ以前の星雲生成の過程のなかで生まれてきたものです。そしてその星雲もまた、別の星雲の消滅の結果生まれてきたものかもしれません。

　宇宙の中にある星も物質も、何もかもすべてがこのように変動する過程の中の産物であるとすれば、この宇宙に平行する他の宇宙の可能性を認めるような、量子力学の特殊な見方を参照しなくても、この宇宙そのもののどこかに、私たちの地球と似たような惑星や、私たちの知性に似たような存在者が生まれていたとしても、まったく不思議ではないという気がしてきます。一三八億年ともいわれるこの宇宙の長い歴史の中で、いろいろなものが生まれたり消滅したりしてきたのだとすれば、この宇宙の中に私たちの地球と同じような天体が生じていても不思議ではないですし、われわれ人間と同じような、知性や思考力をもった生命体が存在したとしても、けっして不思議ではないでしょう。むしろ、一切が成長したり、消滅したりして、その構造や中身が次々と変化しつづけているこの宇宙において、人間のような生命が他にはまったく存在していない、あるいはこれまでまったく生まれなかったということになれば、それこそ、どこか納得のいかない、かなり不自然なことだという気持ちが、してこないでしょうか。

中世以降の「宇宙人」たち

この宇宙の中には、人間以外にも高度な知性や思考力をもった生命が生息しているはずだ――これは、誰もが時々心に思い浮かべることがある、非常に魅力的なイメージです。それは大昔の神話や物語にも常に登場する人類にとって非常に普遍的なテーマですし、現代の多くのSF小説や映画が当然のように想定している考え方です。この世界とは別の世界という発想は、そういう意味で、人類に共通の考え方ですが、そのような別の世界の知性ある生命体というイメージは、現代の科学技術や天文学の発展によって、否定されるどころか、むしろますます強く信じられるようになっていると思われます。宇宙の定常的な安定性を否定して、すべての天体現象が歴史をもった、無数の変化の積み重ねであるとするビッグバン宇宙論の考え方は、一見したところ、人類以外の知的生命体の存在という発想に、強力な支持を与えてくれるように思われるのです。

ところで、人類とは別の生命体や知性体の話は、たんなるおとぎ話やSFの世界だけでなく、哲学の歴史の中でも、さまざまな形で登場します。たとえば、地動説を最初に唱えたコペルニクスは、太陽系に存在するかもしれない人間以外の知性について言及していますし、同じ時代の自由思想家ジョルダーノ・ブルーノは、『無限、宇宙および諸世界について』という本を書いて、地球のような知性的生命を宿す天体が、宇宙の中には無限にあるはずだと論じました。また、彼らよりも少し前の、キリスト教の神学者ニコラウス・クザーヌスは、『学識ある無知について』という本で、神の無限の能力ということを真剣に考えると、宇宙にはわれわれが知っている以外にも、別の無数の宇宙があったとしても不合理ではない、という議論を展開していました。

これらの思想家は、一五、六世紀ころの中世末期、ルネサンスの思想家たちですが、近代の哲学者のなかにも、同様の多宇宙論、複数世界論を提唱する人は少なくありませんでした。そして、その代表的な理論家の一人に、これまで私たちが見てきたカントが含まれています。彼は地球以外の生命体がもっていると想像される知性について、いろいろな形で論じています。それは、哲学の領域を超えて、人類が地球外生命体を探そうとした際に、かなり強い影響を及ぼした考え方でした。彼はまた、「人類と他の星の生命とが、人間社会におけると同じような道徳的連帯をもつことができる」、とも読めるような、宇宙の共同体のイメージについて触れています。これはまさに私たちの現代において目覚ましく発展した、宇宙開発や宇宙への進出とともに語られるようになった、「宇宙市民」という発想の原型ともいえるものなのです。

「宇宙同胞主義」の構想

まず、カントはたしかにさまざまなテキストで、「宇宙同胞主義」に類するような議論を展開しています。[1]

【あ】これまで見てきたように、カントはフランス革命の時代に、人間の精神がもつ「理性」の働きについて、その能力の範囲と限界を批判的に吟味した哲学者です。彼の考える理性は基本的に、自然科学的な探究を行う「理論理性」と、社会の中での人間の道徳原理を構築しようとする「実践理性」という、二つの柱でできています。彼はこれらの理性の働きについて、『純粋理性批判』と『実践理性批判』という大著を発表したのですが、このような哲学における「批判期」以前のカントの業績を見ると、彼の専門は人間理性の批判的吟味という作業よりも、ニュートンなどの業績をさらに完全にしようとした、一人の科学者としての活躍が目立ちます。そして、そのような自然科学者としてのカントの代表作ともいうべきなのが、『天界の一般自然史と理論』(一七五五年)という本です。

この本は、「ニュートンの諸原則に従って論じられた全宇宙構造の体制と力学的起源についての試論」という「別名」をもっていますが、いわゆる「カント・ラプラス説」という名で知られる太陽系生成論を述べたものとして有名です（ラプラスはフランス革命より後の、ナポレオンの時代に、ヨーロッパでもっとも偉大な科学者と見なされた人です。カントはラプラスよりも先に、混沌とした星雲からいかにして太陽系が生まれたのかを、この本で論じ、太陽系という「全宇宙構造」の「力学的起源」を説明しようとしたのです。なお、この生成論に「カント・ラプラス説」という名前をつけた命名者は、カントの後の哲学者ショーペンハウアーです）。

この本の主題は、ニュートン自身が論じることのなかった、宇宙の生成のメカニズムを明らかにすることにありますが、そのためにカントは、ニュートンの引力の考えとともに、古代からの「斥力」の発想も活用しようとしています。混沌とした星雲状態からいかにして、太陽系というしっかりとした力学的システムが生まれたのか――カントはこの問題について、かなり自由な科学的想像力を発揮していますが、同時に、この宇宙生成論のもつ哲学的意味についても、十分に自覚していたと思われます。というのも、この本はこうした太陽系の生成の説明を行いつつ、同時に、知的存在者としての多様な

「地球外知的生命体」の性質を学問的に明らかにし、それらが形作る精神的存在の階梯（かいてい）の中での、地球の人間の位置づけを行おうとしているからです。

面白いことに、彼の比較宇宙生命論では、熱を与える太陽からの距離によって、知的生命の性格が決まるとされています。水星人から土星人にいたる、各惑星上の生命がもつ知性の相違は、その惑星の熱さに反比例し、結果として精神的存在としてのヒエラルキーを構成する。太陽に一番近く、そのために非常に暑い世界に生きる水星人はもっとも低い知性をもち、土星はもっとも遠いので、その住人は高い知性をもつ。地球人は土星人と水星人のちょうど中間にあるので、精神性と動物性の中間形態であるとともに、将来において、より高度な精神的存在へと進化しうる可能性をもつ。

【い】　批判期においてもカントは複数世界論と複数知性論を維持している。『純粋理性批判』では、われわれの精神についての理解は人間に限らず理性的かつ感性的な存在のすべてに妥当するとされる。「われわれは空間と時間における直観の仕方を人間の感性に制限する必要もない。たぶん、すべての有限な思惟（しい）的存在者がこの点で人間と必然的に合致しなくてはならないかもしれない」

【う】　さらに、『実践理性批判』では、時間・空間だけでなく、実践理性の分野にかんしても、理性を有するすべての有限な存在者には、同一の「道徳性の原理」があてはまるとされる。「道徳性のこの原理を、まさに……その普遍性のゆえに、理性は、同時にあらゆる理性的〔存在〕者にとっての法則にほかならないと宣言する。……この原理は、それゆえ、たんに人間にのみかぎられるものではなく、理性と意志とをもつあらゆる有限な〔存在〕者にかかわり、実際さらにいえば最上の知性としての無限な〔存在〕者すらもともに包括するものなのである②」

ここではカントの議論についてこれ以上詳しく見ることはできませんが、これらの議論を見ただけでも、彼の「世界同胞主義」ともいうべき哲学を宇宙へと拡張して考えることもあながち不自然ではないということが分かるでしょう。世界同胞主義とは、世界中のあらゆる国の住民が、それぞれ歴史や風俗を異にしているとしても、その目指すべき理想社会として、「自由・平等・博愛」という目標をもち、この目標の下で、たとえば国際連合のような、一種の世界政府の組織を構築し、その組織の運営に沿って、それぞれの社会の方向を考えていく発想を指します。人類が宇宙へと移住したり、宇宙の他の生命体との交流を求めるような、宇宙時代の世界同胞主義は、こうしたカントの掲げた理想を、さらに宇宙規模の形で求めていく思想、として理解することもできるでしょう。

宇宙時代のわれわれにとって、カントのこの思想はなかなか魅力的な考えではありませんか。実際に、一九世紀に行われたさまざまな宇宙人との交流の試みでは、大地にピュタゴラスの定理を描いて、宇宙人にアピールしようとしたものもありましたが、そのような試みは、カントの発想の【い】を信じてなされたと見ることができます（ピュタゴラスの名前は、プラトンとの関係で第1章に出てきました。古代ギリシアの天文学や幾何学の知識が、一九世紀の時代でも非常に重要な地位を占めていたことが、この事実からも伺えます）。

二一世紀に生きる私たちは、これからますます宇宙との密接な関係をもつようになることでしょう。そして、宇宙時代における人間の責任とか、科学技術の役割についていろいろと考える機会が増えることだろうと思われます。その場合、人間の科学的探究の論理や道徳的判断の原理について体系的に考えたカントの哲学のようなものが、再び重視されるようになるとも考えられます。いいかえると、ニュートンやカントの考えた宇宙像は、天文学としては今では古臭いものになったけれども、ビッグバン宇宙論の時代になっても、カントの抱いた問題意識は、形をかえてわれわれの問題として生き続けている、ともいえるのです。

宇宙同胞主義の二つの問題

しかしながら、こうした見方をそのまま素直に受け入れることができるかというと、必ずしもそうではありません。ここには、大きな問題が二つあります。

（1）地球上の人間と、他の星の生命体との間で、共通の道徳原理があるだろうというのは、どういうことなのでしょうか。

（2）さらに、人間以外の生命体の科学も、人間と同じような科学なのかどうか。

この問題は、どうやって私たちはそうした知性体との交流を想定できるのか、ということに繋（つな）がっています。

こうした疑問は、もちろん、宇宙人がＵＦＯにのった形で実際に地球に到着してくれれば、たちどころに解決されるでしょう。二〇世紀初めのイギリスの作家H・G・ウェルズは『宇宙戦争』という小説で、人間よりも背の高い全身灰色の火星人が地球に攻めてくる小説を発表して、多いに評判になりました。そして、宇宙から地球を訪問する知性体の話は、その後も『E.T.』や『未知との遭遇』、あるいは『メン・イン・ブラック』や『インデペンデンス・デイ』のように、映画の世界ではきわめて当たり前の話になっています。とはいえ、これらはあくまでも架空の世界のファンタジーです。実際には、宇宙からの生命体に人類が直接遭遇したというケースは、少なくとも公認の記録としては、まだ認められていないようです（公認ではない、宇宙人到来のエピソードは、無数に語られているともいえますが）。

さて、こうした架空の話でなく、科学の世界で取り上げられる話題は、遠い宇宙のどこかに生存する知性体との、電波その他の方法を通じた何らかの接触、いわゆる「コンタクト」の可能性を追求するものです。この地球外知性体との接触の追求にも、多くの議論や報告がありますが、そのような追求を有意義なものと認めるためには、その前にいくつかの前提が認められる必要があります。

まず、電波や光は宇宙のなかで実際に大きな作用を及ぼしている、実在する物理的力の働きです。その力は量子力学的な世界像からすれば、世界を動かすもっとも基礎的な力の一つですし、それを通信技術の基礎においている人間のコミュニケーションの方法は、たんなる地球の範囲だけでなく、宇宙全体にまで及ぼすことのできるものだと考えることは自然です。とはいえ、光や電子こそが、宇宙のもっとも基礎的な物質であると考えるには、私たちの科学的知識はまだまだ不十分な段階にあります。宇宙のほとんどが、実は暗黒エネルギーや暗黒物質などからできているということになれば、光や電子を中心にしてコミュニケーションを取ろうとする方法は、本当に正しい道なのかどうか、疑ってみることもできます。

さらに、電子などを媒介にして、人間のメッセージを通信しようとするとき、そのメッセージを構成している、数式や、言語の文法、記号の使い方についても、それが人間にとってだけ自然なもので、宇宙規模ではけっして普遍的でも、当たり前の論理でもない、という可能性が完全には排除できません。先に触れた一九世紀の地球外知的生命体へのアピールにもあるように、地球上の私たち人間にとっては、ピュタゴラスの定理は幾何学的真理の典型ですし、2＋3＝5という計算法も、もっとも自明な真理であるとしか考えられないでしょう。しかしながら、こうした数学的思考法が、いわゆる「宇宙人」や「異星人（エイリアン）」にとっても当たり前の思考法だということは、どうやって証明できることなのでしょうか。

こう考えてくると、カントの抱いた世界同胞主義を宇宙全体へと拡張できるのでは、という発想にも、いろいろ問題がありそうなことが見えてきます。

要するに、これから本格的な宇宙時代を生きようとする私たちの問題を、科学技術の問題ではなく、哲学の問題として捉えてみると、次のようなことが気になりそうな感じがします。この本でこれまで見てきたように、私たち地球上の人類が育んできた科学的知識や数学的真理は、私たちの歴史が徐々に積みあげてきた大きな知的財産です。しかし、この歴史的進歩の道は、私たちのような知性体に特有の道なのか、それとも地球を超えた普遍性をもつものなのか。場合によっては科学や数学の進歩の歴史は、地球人にとっての形とは別の姿を採って現れることも、可能だったのではないか。もしもそのような歴史が可能であるとするならば、私たちの求める宇宙的なコミュニケーションの試みは、ほとんど絶望的に無意味なものとはならないのか――宇宙人との交流は、フィクションとしては楽しい夢想をはばたかせてくれますが、哲学的にはその前に考えておく必要があることがいくつかありそうです。

以下では、現代の哲学という舞台の上で、このような科学と数学の「別の進路の可能性」はありうるのか、ということについて、考えていくことにしますが、その前に、せっかくですから、宇宙における共通の道徳原理や社会的理想ということについても、ほんの少しだけ触れることにしましょう。

宇宙時代の人間の倫理

二一世紀に生きる私たちの世界は、これまでの地球上の生活だけに限られず、宇宙ステーションでの生活や、惑星間の移動によって可能になる、他の惑星上での人間社会の営みというものを含むことさえありうるかもしれません。現在の時点でのこうした可能性は、まだ空想上の可能性にとどまっているようですが、人によってはその可能性は皆が考える以上に大きいのだ、という人もいるかもしれませんね。

いずれにしても、人類が地球という環境に縛られず、より広い世界で生きていくということは、とくに若い人びとにとっては胸躍らせるものがあるでしょう。実際に、地球の生存環境がますます厳しいものになれば、人類はむしろ地球を捨てて、他の世界へと移住することを余儀なくされる、という議論をする人もいます。そして、人類が地球という限界を超えて、より広い世界での生活を営むようになれば、その広い世界での行動の規則や、政治的な体制や、経済活動のための規律など、これまで政治哲学や道徳論で論じられてきたテーマが、あらためて宇宙規模の環境を背景にして、もう一度考え直される必要があるかもしれない、と見ることもできます。私たちは、新しい生命科学や環境問題を前にして、これまでの伝統的な倫理学や道徳論とは別の、「応用倫理学」を必要としているということが、これまでしばしばいわれてきましたが、もしも人類が本格的に宇宙時代に突入することになれば、それ以上に大規模な倫理学の改変が必要になるかもしれません。現に、そうしたもっとも新しい視点にたって、宇宙時代の人類の倫理学的思想を模索しようとする試みが、日本の哲学界でも研究されるようになっていますから、興味のある方は関係する文献を読んでみることをお勧めします。[3]

これらの本では、宇宙ステーションなどの「コロニー」で、人間の社会はどのような規範をもたねばならないか、等の問題が問われていますし、さらには、地球環境の悪化という理由が、本当に宇宙への移動のための知的、経済的努力の正当化につながるか等、面白いテーマがたくさん議論されています。ここではそうした議論を進めるための前提になっている、「宇宙市民」という発想について、少し反省しておくことにします。

永遠平和論から国連構想まで

前の章で見たように、カントは人間理性のもつ科学的探究の能力と道徳的実践の能力について、批判的に吟味し、その際に理論理性をめぐる反省にかんして模範と仰いだのはニュートンでしたが、道徳の原理について模範と考えたのはフランス革命にも非常に大きな影響を与えた、スイス出身の哲学者・小説家・音楽家のジャン゠ジャック・ルソーでした。

カントはルソーが『社会契約論』や『エミール』などで訴えた、人間にたいする民主主義的な理解の可能性を、人類のもっとも重要な思想的成果だと考えたうえで、そのような理解が前提とするべき、人間の理性の働きについて、しっかりとした見取り図を作ろうとしました。彼のそのような知的努力の結晶が、『実践理性批判』という偉大な体系だったのですが、カントはそうした純粋に理論的な哲学書以外にも、一般向けのさまざまな啓発的作品を書いています。それらの代表作として、ここでは『世界市民的見地における一般史の理念』と『永遠平和のために』という本の名前だけを挙げておきますが、とくに後者の本は、二〇世紀の世界で国際連盟や国際連合が形成されるときのモデルとなったという意味で、非常に重要な本です。一方、前者の本で謳われる「世界市民」という発想も、グローバル化時代と呼ばれる現代に生きる私たちの考えに、大きな影響を及ぼしているように思われます。

「世界市民」という言葉はカントが作ったものではなくて、彼の時代の一世紀ぐらい前に、古代の「コスモポリタン」という言葉に対応するドイツ語として生まれたものです。コスモポリタンとは、ポリス（都市国家）に住む人ではなく、複数のポリスを包含するもっと大きな世界に住む人という意味です。ソクラテスやプラトンは、アテナイという古代のポリスに生きた哲学者です。しかし、アリストテレスが家庭教師となったマケドニアのアレクサンダー大王の帝国や、その後のローマ帝国は、それまでの個々の国家を包含する、もっと大きな世界として、多数の民族や多数の言語を含む、巨大な共同体となりました。コスモポリタンとはこうした巨大社会に生きる人びとのことであり、たとえばローマ時代に活躍した哲学者のキケロなどは、コスモポリタンの一人です。

さて、カントは、私たち人間が、それぞれの生活環境や伝統や言語の相違を超えて、人間精神に共通の普遍的能力を発揮できると主張しているわけですから、当然、この「世界市民」あるいは「世界同胞」とか「世界公民」という発想を採用することになります。彼が永遠平和論を唱えて、国際連合などの構想の先駆者となりえたのも、世界の人びとの多元性を超えた、一つの普遍的な共同体的在り方を志向していたからでしょう。カントの考える世界市民は特定の民族や国家の枠を超えて、未開状態から道徳的な市民状態へと移行することを目指します。世界市民はまた、歴史や伝統を異にする国家の枠組みを超えて、世界市民法を打ち立てようと考えます。世界市民はさらに、自分自身の世界市民としての使命を自覚して、世界の中に見られる多様性や多元性への寛容の精神を育もうとします。

ルソーの「自然人」から「宇宙市民」への道はあるのか？

このような世界同胞主義の思想は、まさに現代のグローバル化時代のバックボーンとなりうる思想であるように思われますし、その延長上で、将来の宇宙時代における宇宙同胞主義の基盤ともなりうるはずです。その意味で、先にも述べたように、たとえカントの宇宙理解そのものは、科学的な天文学としては、私たち現代の人間から見ると非常に時代おくれに思われるとしても、その社会的理念の方は十分に参照に値するとも思われそうです。

カントは宇宙時代の現代でもなお、人類の思想的基盤となりうるのではないか――おそらくはまさしくそうだろうと思われるのですが、これから宇宙時代を生きようとするわれわれがあまり夢想的で楽観的になりすぎないために、あえて、ここでは少し皮肉な見方をして、次のことをつけ加えておきたいと思います。それは、一般に近代世界の民主主義の父の一人と目され、カントにとっても一番尊敬に値すると考えられたルソー自身は、カントのように、人間の使命が「ただ一つの世界市民的な社会」へと向かうことにある、などとは考えていなかったということです。

ルソーはフランス語で著作活動を行ったスイス人ですが、著作家として非常に多産な人でした。彼は思想家としては『学問芸術論』や『人間不平等起源論』、『社会契約論』などを発表し、文学者としては『新エロイーズ』や『エミール』、『告白』などの代表作を残し、音楽家としてはオペラ『村の占い師』などの作曲家として成功しました。彼の思想はディドロやダランベールなど、フランス革命を用意した啓蒙(けいもう)思想家たちに大きな刺激を与えましたし、その文学は近代の西洋文学のみならず、時代や地域を超えて、日本の人びとにも多大な影響を及ぼしました。明治時代の中江兆民は『社会契約論』を翻訳して、自由民権運動を推進しようとしましたし、明治時代後期の小説家島崎藤村も彼を模範にして、自然主義文学を作ろうとしました。また、右のオペラの中のバレー場面で使われている曲が、「むすんでひらいて」の原曲であることを見れば、その才能の幅広さが実感できると思います。

さて、ルソーは高校の倫理の教科書などでは、フランス革命を準備した啓蒙主義の思想家の一人として教えられることが多いのですが、彼自身の思想としては、科学文明の発達によって人類の進歩が保証されるという考えには、一貫して反対していました。彼の思想の中心的テーマは、社会の中でどうして人びとの「不平等」が生じるのか、という問題でした。彼はそのために、どうやったら人類が原始社会から出発して、平等な社会を作り出せるのかを論じましたし（『社会契約論』）、あわせて、不平等が蔓延している現実の社会の中で、いかにして平等な人間観をもった青年を育むことができるのか、を論じました（『エミール』）。その『エミール』が訴えようとしたのは、できるだけ知識を詰め込もうとしない消極的な教育こそが、人間の善性の保護につながるという教育論です。彼は何よりも、文明化された都市の連合から生まれるメトロポリタンの生活を送る人びとに、道徳的社会の成立を求めることはできないと考えました。その意味で、近代の民主主義的な社会論の祖といわれることの多いルソーは、実際には、世界同胞主義の実現を希求したりはしていなかったのです。

彼はたしかに『社会契約論』では、カントの定言命法にもとづく立法の原理にも等しい、「一般意志」にもとづく社会の構築の可能性ということを論じて、そうした共同体共通の理想を追求しようとする「市民」の重要性を強調しました（市民はフランス語でシトワィヤン、英語ではシチズンです）。しかし、それはあくまでも人類の歴史から見ると一過性の事態にすぎず、彼の目には、あらゆる文明社会は専制政治へと没落する運命にあると見えたのです。彼はまた、「市民」と「都会の住民（ブルジョワ）」とのはっきりとした区別を強調して、小規模な共同体における立法・行政の主体である市民というあり方が、自然状態から脱した人間にとっての次善のあり方であるのに対して、大規模な文明や芸術の享受を楽しむことのできる都会人は、自然状態からもっとも遠くにあり、頽落（たいらく）し腐敗した、最悪の状況にあることを指摘しました。

ルソーの目から見ると、古代の小規模な都市国家で支持されていた民主的な政治システムの意味は、西洋近代人の間では、ほとんど完全に見失われてしまっています。近代人の大部分は、都市国家（シテ、シティ）と都会（ポリス）とを同一視し、コスモポリタンである都会の住民こそが市民であるという、非常に間違った考えに染まっているというのです。

ルソーにとっては、人間は本来、野生の状態では社会性をもたず、それぞれが単独で孤独な生を生きており、あくまでも「野生の思考」に従って生活を組み立てている。自然の内なる人間は、住居も家族も言語もない状態で森の中をさまよい、同胞を必要としないので、いかなる社会関係もなく、個人間に相互依存関係がない以上、そこにはいかなる従属も不平もありえなかった。これこそが「自然状態」にある人間、つまり「自然人」の本来の姿である、というのがルソーの根本的な信念です。このような反啓蒙の主張は、『社会契約論』に先行する『人間不平等起源論』でストレートに主張されています。

ルソーによれば、自然状態を脱した人間は「自然の障害」をのりこえるために、さまざまな生活の技術を習得するとともに、家族や地域の共同体を形成し、言語を共有するようになります。しかし、このような社会化のプロセスにおいて、人間にとって最善である状態は、人びとが歌や踊りで結びついた萌芽的な社会の段階だけであって、その後に発展する所有関係の社会化を通じて法が生まれたり、父権が確立し、さらには国民と為政者との間の社会契約が生じたりすると、その先にあるのは合法的な権力が恣意的な権力へと変質する過程だけであり、その最後の段階が専制である。つまり、法とは強者による掟の別名であり、政治的システムの下で制定されたさまざまな法律にもとづいて運営されている社会とは、不平等を許す社会以外の何物でもない、というのです。

感情的連帯からはじまる共同体

ルソーはこのように、人間の市民性という本性が、自由主義的社会とは相いれないものであると語った思想家でした。もちろんこれはかなり極端な主張ですから、ルソーの後で、こうした悲観的思想に反対して、市民であることと自由主義、民主主義の社会とは両立可能であることを強く訴えようとした思想家も、少なくありません（その代表はフランスのトックヴィルやイギリスのJ・S・ミルなどです）。そのために、フランス革命などの西洋近代史上の大事件において大きな役割を果たしたルソー自身が、いかに反啓蒙の立場に固執していたとしても、自由主義的市民の理想は、文明化され都会化された高度資本主義の世界においても達成可能であると見る見方は不可能ではないでしょう。

とはいえ、自然状態を一つの理想として設定し、それからの逸脱という視線の下で、市民社会を次善の世界と評価するルソーの独自な考えが、宇宙時代にあるわれわれにとっても、一定の重みのある思想であるということは、やはり留意されるべきであろうと思われます。その理由は二つあります。

まず、人間が宇宙ステーションのような一種の人工都市を超えて、実際に地球外の惑星等に暮らすということになれば、地球外というあまりにも極端な環境において、人間にとっての「自然状態」がどのようなものになるのかが、いまだまったく不明であるという問題があります。宇宙市民という名称が、たんなる個々の宇宙ステーションの内部での、小規模な都市住民に付与される、一種の称号のようなものであれば、そこに未来の小規模共同体の世界と、その内部の道徳的・倫理的行為にかんする規範的反省があっても不思議ではないでしょう。

しかしながら、より一般的なパースペクティヴに立って、地球外における知性的存在者にかんして、その共同体的存在の様式を考えるとすれば、「宇宙時代の人間学」は私たち自身の「市民性」を無批判的に讃えるような思想的前提を捨てる必要に迫られる可能性があります。少なくとも、SF小説にしばしば見受けられるような、ルソーのいう「都会の住民」としての宇宙市民の想定は、宇宙時代の人間の共同体的生存の条件と規範とを考えるべき、新しい道徳哲学にとっては、無益である以上に有害なモデルである可能性があります。そのためにも、われわれはルソーとともに、人間をもう一度、宇宙という新しい「自然」の中で生きる野生の思考の主体として、考え直してみることが大事なのではないでしょうか。

ルソーの思想が宇宙市民の可能性を考えるためのヒントとなるもう一つの理由は、この理論が、人間が自然状態から社会的存在へと移行するための重要な契機として、音楽や言葉によるコミュニケーションの役割に注目していることです。私たちが本当に宇宙時代に突入して、地球以外の世界で生活を営むようになれば、その世界での共同体にとって、どのような形で意志疎通が図られるようになるのか、ということは大きな問題です。ルソーは学芸や技術の共有より以前に、音楽や舞踏などを通じた感情的連帯感が、共同体の成立にとって非常に大きな役割を果たすということを強調しました。おそらく、このことは宇宙空間という新しい自然環境においても、重要な問題として問われるはずです。私たちは宇宙のようなきわめて広大な世界において、これまでの人類社会のような人びとが密集した場所ではない世界で、どのようにして共感や反感などの精神における感情的働きを伝え合うことができるのでしょうか。

この問題はもちろん、感情の次元にとどまるわけではありません。われわれは知識のレベルでも、思想のレベルでも、広大な宇宙空間においてコミュニケーションを図ろうとすることでしょう。その場合、いかなる手段によって人びとはつながり合うことができるのでしょうか。しかも問題は、「人びと」だけではないでしょう。宇宙時代のコミュニケーションの本当の問題は、いうまでもなく、人類と「地球外知的生命体」との交流であるはずです。そしてそれは、カントが論じたもう一つのテーマ、人類とそれ以外の精神とが共有するであろう科学的知識の同型性、という議論に重なってくるのです。

異星人は私たちと同じ「知性」をもつのか?

この章の前のほうで見たように、カントは『純粋理性批判』の中で、われわれの精神についての理解は、人間に限らず理性的かつ感性的な存在のすべてに当てはまると言いました。「われわれは空間と時間における直観の仕方を人間の感性に制限する必要もない。たぶん、すべての有限な思惟的存在者がこの点で人間と必然的に合致しなくてはならないかもしれない」。カントの言う「空間と時間における直観の仕方」とは、簡単にいえば数学における幾何学の法則と算術の法則のことです。ですから彼は、人間のみならず宇宙に生息するすべての知的生命体は、私たちと同じ仕方で、幾何学の定理を理解したり、数を使った足し算や掛け算を行ったりするはずだ、といったわけです。

これもまた、先に見たことですが、このような考え方は地球以外の生命体に知性を認め、それとの交信を行おうとした人びとが、実際に応用しようとした考え方でした。たとえば、一九世紀のイギリスでは、地上に大きな直角三角形を書くとともに、その三辺上に正方形を加えることで、いわゆるピュタゴラスの定理(「直角三角形の二つの辺の二乗の和は、斜辺の二乗に等しい」)を示そうとしました。彼らの予想では、宇宙人が地球を望遠鏡などで眺めて、そこにピュタゴラスの定理を見つけることができれば、地球の上に知的生命体が生息していることをしっかりと確認できるから、人間という知性体と交信しようとするにちがいない、というわけです。

いうまでもないことですが、現代の人類による地球外知的生命体との接触の試みは、こんなふうに限りなく素朴で単純なものではありません。現代の私たちは、もっとずっと進化した技術と知識を使って、宇宙人との交信を図ろうとしています。とはいえ、その基本的な考え方は、意外にも、カントの時代や一九世紀の発想とそれほど違っていないのかもしれません。少なくとも私たちにはその可能性を、今一度省みる価値がありそうです。

宇宙における人類以外の知的生命体と交信を行ってみようとする試みは、これまでにもいろいろとなされてきましたが、現代の天文学でもっとも標準的なやり方とされているのは、地球外文明からの信号を電波干渉計を使って探知しようとする方法です。この方法は、電波観測によって地球外知性との「コンタクト」を試みる方法で、その一番代表的なプログラムが、SETI（Search for Extra-terrestrial intelligence 地球外知的生命探索）プログラムと呼ばれる、約六〇年前から今日まで息長く続けられている探索計画です。このプログラムの本部は、アメリカ西海岸のシリコンバレーの中にあって、私自身もそのセンターをずっと以前、アメリカ留学中に見たことがあるのですが、今日の実際の作業はそこから数百キロ離れた場所に設置された強力な電波干渉計で、直径六メートルほどのアンテナを数十台並べて、地球外生命からの電波による信号の発信をキャッチしようとしています。

このアンテナ群は、天の川銀河でも背景ノイズが入らない方向にある、二万個の赤色矮星（わいせい）（せきしょく）に向けられていて、宇宙から飛んでくる無数の電波を巨大なプロセッサーで処理することで、宇宙に本来飛び交っている電波や、人間の日常的な通信作業では見られない、特殊な電波を捕まえようと、日夜途絶えることなく活動を続けています。しかしながら今のところ、残念なことに、この六〇年間ではっきりと地球外生命体から送られたと認められる電波がキャッチされたことは、一度もありません。

このプログラムは、現在ではさらにアンテナの数や対象とする星の数を大規模に拡大することで、これまで以上に強力な探知体制を整えようと計画されています。そのために、アンテナの設置場所が南アフリカやオーストラリアにまで広げられ、中国やオランダの望遠鏡ともリンクした形で、探索のネットをより大きく広げるとともに、電波以外にも、可視光線や赤外線の信号を探知するなど、より立体的な方法が模索されています。また、このような宇宙からの信号の受信という方法とは別の角度から、地球外知的生命体を探す計画として、地球上の人類のもっとも進んだ技術が発するエネルギーや光線と同じようなものを、宇宙の中に探ろうとする計画もあります。

われわれの宇宙における天体探査機などの輸送技術は、これまで非常に限られた能力のものにとどまっていましたが、現在では、地上に設置したレーザー装置から超高出力のビームを探査機の帆に当てることで、超小型の探査機を非常に大きな光圧の下で光速の五分の一程度の速さで飛ばすことが可能であろうと考えられています。もしもこのような先進的技術が具体化されれば、これまできわめて長い期間にわたる宇宙滞在が必要と思われてきた人類の惑星間移動も、飛躍的に短縮された時間で可能になるかもしれません。そして、こうした先進的技術が地球外の生命体によっても共有されているとしたら、私たちは宇宙の中にこのようにレーザービームを探知することで、人類以外の知性の存在を確かめることができるでしょう。いいかえれば、私たちは宇宙における先進的科学技術の存在の確認を通じて、知的生命体との技術の共有を模索することができるかもしれないのです。

私たちには「別の科学」もありえたのか?

さて、これらのエピソードはたしかに非常に胸躍るものでありますが、こうした試みの根底には、カントが主張したような、知的精神的活動の宇宙における普遍性ないし一般性、ということが前提にされているように思われるのです。もしも、宇宙の中に人間以外の知性体が生息していたとしても、その知性の働きは人間のそれとそれほど違ったものではないはずだ——これはたしかにかなりもっともな考え方ですが、しかし、この考えそのものはどこまでしっかりとした根拠のある信念なのでしょうか。現代の哲学は、宇宙時代の人類のこれからを考えるためにも、このことをあらためて考えてみる必要がありそうです。

人類の知性が生み出した科学や技術は、宇宙の中でどの程度まで普遍的で一般的なのでしょうか。そう問われても、私たちはもちろん、まだ宇宙人との直接の接触を一度も経験したことがないのですから、この問いにストレートに答えることはできません。とはいえ、次のような少々回りくどい問いを立てることで、この問題に間接的にタックルすることはできるかもしれない感じがします。その問いとは、「私たち人間がこれまで積み上げてきた科学や技術の歴史は、宇宙に生きる他の知性体でも同様のコースを辿るような、ほとんど不可避的な発展の歴史なのだろうか。そうであるとすれば、私たちは宇宙における他の生命体の精神的活動が、われわれと同型であることを大いに期待できるであろう。しかし、その歴史は場合によっては、ありうる多数のコースのなかの一つにすぎない、むしろ非常に偶然的な発展のコースなのかもしれない。そのときには、その知識を使って宇宙人と交流しようとしても、かなりむりがあるのだろうか」という問いです。

現在の宇宙における知的生命体について、その存在を探ろうという計画の根本にあるのは、非常におおざっぱな言い方をすると、「私たち人間のもっている現代の科学技術が、宇宙の果てでも当てはまるような、もっとも発展したものであり、それは人間とはかなり異なった知性をもった生命体でも、一定の妥当性を認めるような、普遍性をもったものであるにちがいない、なぜなら、人類のこれまでの知識と技術の歴史は、古代ギリシアやエジプトの時代の原始的なものから、ニュートンやカントの時代の発展形を通って、現代の相対性理論や量子論からなる物理学へと、連続的に発展し、その発展の方向もある種の必然性をもっていて、人類は不可避的に現代科学と技術の世界へと辿りついたのであるから」、という考えにもとづいています。

実際に、現代の著名な物理学者の中には、このような信念をそのまま、はっきりと表明している人びともいます（たとえば、基礎物理学の分野で共同でノーベル賞を与えられた、スティーヴン・ワインバーグやシェルドン・グラショーがそうした意見の物理学者の代表です）。おそらく現代の科学者たちは、自分たちが貢献してきた人類の高度な知的達成に、私利私欲のような狭い観点を離れて、深い誇りの感情を抱いていて、自然にこうした信念を抱く傾向をもつのでしょう。彼らの意見では、「宇宙のどこに住んでいるどんな知的異星人であっても、プロトンの構造や超新星の性質を説明するためには、われわれがもっているものと同じ論理的な体系に行きついたであろう」、と言われるのです。(4)

「異星人」との交流は夢想にすぎないのか？

ところが、ある意味では驚いたことに、二〇世紀から今世紀にかけての哲学の世界では、じつはこうした物理学者たちの見方とはほとんど正反対の、人類の科学的進歩の普遍性を否定したり、少なくとも疑問視したりする見方が、相当に有力であると認められています。不思議なことに、これらの哲学者たちの意見では、たとえ地球とは別の生命圏で、人間と同じような意味で科学的な知性を働かせたり、技術的発展を積み上げているような精神がありえたとしても、そのような精神の働きを私たち人間が、自分たちと同類の科学や技術であると認めることには、原理的に大きな困難がつきまとっているというのです。

宇宙人が科学や技術をもっていたとしても、私たちがそれを確認するのは原理的に困難ではないのか――これはいかにも、哲学者たちが考え出しそうな、とてもひねくれた考え方のようです。まるで、私たちが抱いている、宇宙人たちと話をし、情報を交換し、できれば倫理的な価値も共有することで、これまで以上に広い範囲での共同体というものに参加したい、という願いが、たんなる夢想にすぎないといっているように見えます。

でも、なかなか成功を見ない私たちの地球外知的生命体探索のこれからの方向をよく考えるためにも、時にはこうした懐疑的で否定的な意見にも耳を貸すことも、役に立つことかもしれない――。私たちが見てきたこの本の哲学と科学の物語は、そろそろ終わりに近づきましたから、以下では最後に少しだけ、現代の哲学から導かれる、人類の知識と科学への疑いというか、反省点について、触れておきたいと思います。

人類の知的成果の普遍性にたいする疑問の一つは、次のような哲学の議論で展開されています。これは、現代哲学の世界で「言語哲学」と呼ばれる分野から提起される問題ような疑問です。

であり、同時に、そのような問題意識とリンクした「科学哲学」のほうからも問われる

先に少し見たように、現代における地球外知的生命体の探索は、基本的に、宇宙から受信される電波の中で、宇宙の背景放射とか、地球上の電波のような日常つねに地球にあふれているような電波とは相当に違う、何か特殊な信号のようなものが見つからないか、ということを探す作業となっています。ところで、いわゆる自然現象や人間の人工的な電波の交信とは相当に違う、特殊な電波のキャッチといっても、それが知的な生命からのものであるというためには、たんに奇妙な見慣れない電波の一群だ、という以上の特徴が必要になると思われます。つまり、私たちが受け取る電波のデータの中に、何か有意味で理解可能であるようなメッセージが含まれているのであれば、それははっきりとした知的存在からの呼びかけであると考えるはずです。問題はしかし、私たちがキャッチする何かの電波信号が、意味をもった、内容のある、知的なメッセージに向けたものであると判断される、ということはどういう事態を指すのかということです。

私たちから見てきわめて奇妙で、非常に混乱したように見える電波のデータが受信さ

れたとしても、それが自動的に何らかの精神的な存在が出したものだとは見なすことができないでしょう。宇宙にはあらゆるタイプの「不自然」な電波があふれているはずですから、たんなる奇妙さだけでは、まだ不十分です。その中で、とくに知的生命体が発している可能性があるとされるには、少なくとも、そこに特別な規則性があって、何らかの知的なメッセージの交信のスタイルをとっているものだという、証拠がなければならないように思われるのです。

「翻訳できる」とはどういうことか？

それでは、宇宙からの多量な電波を受信して、それを莫大(ばくだい)な数のコンピュータを使って解析するとき、そこから有意味なメッセージを読み取るためには、どのような手順が必要となるのでしょうか。現代の言語哲学と呼ばれる分野が取り組むのはこの問題です。コンピュータは莫大な量の数字や図形や記号の列を受け取り、それを解読して、そこに何らかの「意味」があるのかどうか、あるいははっきりとした意味ではなくても、意味に似た何か、メッセージの痕跡のようなものの存在を確かめようとします。しかし、記号列の中に意味を読み取り、それを私たちの言語に「翻訳」できるということは、そもそも、どういうことなのでしょうか。いったい、人間の精神活動とはあまりにもかけ離れているかもしれない思考過程や計算システムについて、その内容を解読したり、理解したりすることは、本当に可能なのでしょうか。二〇世紀の言語哲学者たちは非常に大きな熱意をもって、この問いに正面から取り組もうとするのです。

私たちが日常生活の中で普通に使っている言語から、コンピュータで使われる言語や、ロボットが用いる言語まで、言語というものはさまざまな形で存在していますが、それらの言語を一般的な観点から考えて、「なぜ言語は意味をもっているのか」を理解しようとするのが、言語哲学という分野です。あるいは、「私たちはなぜ、言語を使って互いにコミュニケーションをすることができるのか」ということを考えるのも言語哲学のテーマです。言語哲学という分野は、二〇世紀の初頭に、イギリスの哲学者ラッセルやその弟子のウィトゲンシュタインを中心にして構想され、その影響の下で、二〇世紀の世界の哲学界において大きな力を発揮することになったものです。

ラッセルは西洋哲学が古代ギリシアの時代から一貫して認めてきた、論理学という学問の内容を一新しました。論理学とは、私たちの知的な推論の正しさを教える学問であり、知的な推論とは、何らかの前提から出発して、整合的な思考によって、合理的な結論を導き出す作業のことです。ラッセルは今日のコンピュータの原理ともあっているような、「記号論理学」と呼ばれるまったく新しい論理学を構想しました。その弟子のウィトゲンシュタインは、もともとオーストリアの出身で、大富豪の父の跡を継ぐべく、イギリスでエンジニアの勉強をしていましたが、論理学の刷新というこの出来事に非常に大きな感銘を受け、ケンブリッジ大学のラッセルの門をたたきました。そして、彼自身が『論理哲学論考』や『哲学的探究』などの著書を著わすことで、言語哲学という哲学分野がそれまでの認識論や存在論にかかわる、新しい理論を生み出すための非常に有力な武器となることを、広く人びとに知らしめました。その力は、とくに二〇世紀の後半にアメリカの哲学が世界の哲学の潮流のもっとも大きな流れとなるに及んで、きわめて活発な研究分野となりました。その代表的な思想家としては、クワイン、デイヴィドソン、パトナム、ローティのような人びとがいます。

ラッセルをはじめとする言語哲学の研究者たちは、もともとカントが追求しようとした、人間精神のもっている理論理性の能力にかんする、批判的吟味という同じ課題から出発しました。ただ、カントの時代とは違って、現代の哲学者にとっては、幾何学を考えてもユークリッドの公理系とは異なった、非ユークリッドの公理系が複数可能であることが分かっていましたし、物理学についても、ニュートン力学を超える相対性理論や量子力学の発展を視野に入れて考える必要がありました。そのために彼らは、カントのようにストレートに、私たちの理性の吟味をするのではなく、その前の準備段階として、人間理性が用いる言語の意味や内容ということについて、徹底的に分析してみる必要があるのではないか、と考えるようになったのです。

このような反省の下で、彼らは言語哲学という新しい分野を作り出したのですが、それは同時に科学哲学という分野の創設をも意味していました。というのも、言語の成立の基礎的条件を明らかにすることで、意味や理解の論理的基礎を明らかにする作業は、最初から新しい幾何学や物理学の妥当性の吟味のために構想されたのですから、言語分析の徹底的な追求は当然のことながら、新しい科学的知識の哲学的分析へと進むことになったのです。科学哲学は、宗教や道徳、芸術と区別される科学的知識が確かな知識として備えていなければならない、形式的な論理的構造や、その成果の検証のための条件などを明確にしようとします。それによってこの哲学は、「科学的知識はどの程度まで客観的といってよいのか」、とか「科学の他には真理はないのか」というような問題を追求します。

しかしながら、ある意味ではカントの問題意識の延長線上にあるともいえるこのラッセルらの言語哲学や科学哲学は、結果的には、カントとは非常に異なった客観的知識のイメージや、科学の理解へと行きつくことになりました。そして、この結果は、人間の作り上げた知識や技術の普遍性や不可避性という、私たちが今ここで問題にしている問いにたいしても、大きな影を投げかけることになっているのです。

正しい翻訳はどれか？

私たちの達成した素晴らしい知識は、宇宙のどこでも通用するものではないのか。この問いにたいする現代哲学からの解答は、決して楽観的なものではありません。それはむしろ、非常にネガティヴな性格をもっているといえます。

現代の言語哲学におけるさまざまな研究の成果について、ここで詳しく説明することはできませんが、少なくともアメリカの代表的な哲学者クワインやデイヴィドソンが打ち立てた意味の理論からは、この問いに対する答えとして、次のような感じの否定的な答えが導かれます。電波やその他の媒体を使った複雑な信号でも、その基本的な構造はモールス信号のような、単純な記号の操作によるメッセージの伝達とかわりません。多数のアンテナを使って非常に大量のデータが集められたとき、そこに使用されている基本的な記号や図形の種類、それらどうしをお互いに結びつける計測的なパターンなどは、そのデータに関する形式的な分析によって特定できることでしょう。私たちはそこから、そのデータの作成の基盤を提供している、形式的な構造や論理構造を突き止めることができるかもしれません。しかし、私たちにとって身近なメッセージを伝えてくれるモールス信号とは違って、私たちとどれだけ同型であるのか不明であるような知性体にかんして、その信号が伝えようとするメッセージ、つまり記号群が伝達している「意味」については、われわれは原則として、これがその内容であると特定することはできません。いいかえると、われわれにはその情報を解読し、その内容をわれわれの言葉で表現しなおすことができないのです。

その理由は、それらの記号の集合にたいして、まったく内容を付与する手段がないから、ということではありません。そうではなくて、クワインらによると、われわれにはそれらの記号群を翻訳するやり方があまりにも多くあって、しかもそれのどれが正しいかを決定できないというのです。形式的な側面だけで見ると、記号群の基礎にある論理的構造は特定できます。しかし、それが伝えている内容については、形式の骨組みだけでなく、われわれが理解できる意味を特定する必要があります。しかし、それを解読するために利用するべき辞書が、複数あって、それらのどれがもっとも信頼できる辞書であるのか、私たちには判断できない、というのがこれらの哲学者の主張です。

クワインらは言語をめぐるこうした事態を、「根底的翻訳の不確定性」と呼びます。根底的翻訳（radical translation）とは、連想や類推によって相手の考えがまったく理解できないところから出発して、相手の発言の意味を解読し、自分の言葉に言い直そうとする作業のことです。たとえばスペイン語からポルトガル語への翻訳は、地理的歴史的に非常に近いところからの翻訳ですから、根底的翻訳ではありません。反対にオーストラリアのアボリジニの言語を日本語に翻訳するような作業は、地理的な距離と歴史的な疎遠さのゆえに、根底的な翻訳にならざるをえません。いうまでもないことですが、私たちの宇宙人との交信は、まさしくこの種の根底的翻訳です。そして、クワインたちによると、この種の翻訳作業の結果は「不確定」なものにならざるをえず、これが正しい翻訳だというものを見つけることができない、といわれます。というのも、この種の翻訳の作業が生み出す辞書には、複数のものが可能であり、しかも、それらどうしが両立不可能である可能性があるからです。

たとえば、私が日本の言語学者としてある未開の地の「原住民」の言語を調査しているとします。私は現地の野原で白い動物が走っていくのを観察し、それを見たそばにいる原住民が、「ギャバガイ」という言葉を発することを記録します。私はこのような記録を繰り返すことで、現地の言葉の辞書を作っていきます。私の辞書では、「ギャバガイ」という言葉は「ウサギ」と訳されます。ところが、同じ所で現地の言葉を収集し、それをもとに現地語の辞書を作っているもう一人別の日本人がいるとして、その人は「ギャバガイ」という言葉を「長い耳」と訳すかもしれません。あるいはまた別の人は、

GAVAGAI!
ウサギ
長い耳
白くて
速いもの

「白くて速いもの」という訳を当てる可能性もあります。三人が日本に帰って、それぞれの辞書を突き合わせてみた結果は、おそらくまったくの混乱ということになるでしょう。もちろん、原住民は異星人でもよいわけです。したがって、クワインらのいう「根底的翻訳の不確定性」のテーゼが正しいとすれば、宇宙からの電波によってキャッチされたデータについて解読作業をしようとしても、データにかんする翻訳には対立しあう翻訳が複数あって、しかも、それらのどれが正しいものかを決定することができない、ということになります。

もちろん、この作業は完全に絶望的だということではありません。われわれは、見知らぬ知性の発する言語の意味として、われわれ自身が実際にもっている知識や信念と、あまり変わったところのない、標準的なものを選べば、彼らに高い知性を付与することに躊躇(ちゅうちょ)することはなくてすむでしょう。つまり、われわれは彼らもまた、人間と同じような考えをしていると想定すれば、彼らの伝える言葉の意味の幅を大幅に狭めることができるはずです。その結果として、「根底的翻訳の不確定性」という厄介なトラブルは、ほとんど無害化されるでしょう。

そうだとすると、私たちはたしかに、物理学者たちとともに、「宇宙のどこに住んでいるどんな知的異星人であっても、プロトンの構造や超新星の性質を説明するためには、われわれがもっているものと同じ論理的な体系に行きついたであろう」、と主張できるかもしれません。しかし、この主張には本当に価値があるでしょうか。よく考えてみると、われわれが宇宙人のメッセージを解読できるのは、私たちと同じ理論を宇宙人たちの言葉に仮説的に負わせた場合だけだとしたら、どうでしょうか。その時にわれわれがエイリアンから受け取るメッセージが、人間と同じ科学理論を含むものであったとしても、何らの不思議もないことになるでしょう。

ウィトゲンシュタインの「言語ゲーム」論

これは、クワインやデイヴィドソンらが唱える「根底的翻訳の不確定性」という問題を下敷きにした議論ですが、別の例として、ラッセルの弟子で、「言語ゲーム論」という特異な言語理解のモデルを提唱した、ウィトゲンシュタインという哲学者の「意味」の理論を見ても、その否定的な帰結はクワインたちとそれほど変わりません。

彼は『哲学探究』という本で、私たちのコミュニケーションが、言葉を使ったゲームの実践であるということを述べました。彼のいうゲームとは、スポーツとかトランプのように、複数の人間が共通の規則にしたがってさまざまな行為を交換しあって進める作業のことです。ウィトゲンシュタインによれば、私たちの言語を使った日常のコミュニケーションは、まさしくボールやカードを使って行われるゲームと本質的に変わりがありません。そして彼は、この理論によって、われわれが記号や図形の交信によって、何らかの知的メッセージを交換するためには、その交換を行う者どうしの間に基本的な「生活様式」の共有がなければならない、という非常に重い条件が課せられている、と主張しています。

人類と「エイリアン」とは、おそらく、実質的にほとんど生活様式を共有していないように思われます。もしもそうであるとすれば、そしてもしもウィトゲンシュタインの哲学思想が正しい理論であるとすれば、私たちは宇宙の果てから奇妙な電波のデータをいかに大量に取得することができたとしても、その解読に成功し、宇宙における新しいコミュニケーションの第一歩を踏み出すことができる可能性は、非常に低いということになるはずです。

クーンの「パラダイム」論

言語ゲーム論を下敷きにした、このウィトゲンシュタイン言語哲学の思想は、トマス・クーンの有名な「パラダイム」理論に応用されています。クーンは『科学革命の構造』という科学史の本で有名になった理論家ですが、彼の理論はたんなる科学の歴史理論であることを超えて、科学的知識の真理や客観性とは何か、という科学哲学の主題に直結しています。そして彼の科学哲学は、われわれがここで問題にしている、人間の知識の歴史の不可避性や普遍性の問題にも深く関係しているのです。

クーンの科学史はまさしく、科学の歴史が「一直線の進歩」なのかと問います。そのために彼は、科学的探究の本質的な特徴をまずはっきりさせようとしますが、その際に「パラダイム」という概念を持ち出して、科学的探究の本質をあきらかにしようとしました。この概念は今ではいろいろなところで利用される、非常に重要な言葉となりましたから、読者の皆さんのなかにも耳にしたことのある方もいるかもしれません。

さて、クーンの考えでは、科学的知識とはさまざまな定理や命題の集まりという意味での「真理」からできているというよりも、定理や命題を証明する標準的なテクニックから、それを実験で検証するやり方のガイドブックや、検証をまとめて図式化するグラフの手法など、非常に多くの「技術、手続き、ノウハウ」からできた、複合的な構造物です。科学的知識とは、世界についての真なる描像であるというよりも、世界についての探究の手法の集積であり、一セットの問題解決のキットであり、さらには、自然をモデル化するための青写真のようなものです。ある科学分野の共同体のメンバーは、このハイブリッドな構築物としてのパラダイムを共有することで、同じ問題関心の下で、同じ方向で探究のネットワークを広げていきます。それは、ウィトゲンシュタインのいう言語ゲームの共同体に属するメンバーが、お互いのコミュニケーションにおいて、共同の生活様式に沿いつつ、暗黙のゲームの規則集と行為のパターンのモデルを活用している、というのと同じような意味で、パラダイムを共有することで、科学的探究というゲームを遂行しているということなのです。

パラダイムは歴史を通じて交代します。というのも、さまざまなパラダイムには、解明が容易な典型的問題や、標準的な解決法がある一方、扱いにくい、厄介な不規則的事例が認められるからです。問題への解決が順調に積み重ねられているとき、科学的探究は「ノーマル科学」の様相を見せています。しかし、不規則的事例があまりにも集積されれば、現在のパラダイムを捨てて、別のパラダイムへの移行の要求がでてくるかもしれません。これが「科学革命」の時代です。「ノーマル科学」から「科学革命」への移行は、大きな世界観の転換を伴いますが、その推移は決して「進歩」というものではありません。なぜなら、新しいパラダイムの確立によって、旧来のパラダイムでは処理しにくい不規則的事例への対応がスムーズになったとしても、それは同時に、旧来は何も困難を覚えなかった事象にかんして、新たな困難が生じるということを意味するからです。パラダイムはあくまでも交代するだけで、進歩しません。クーンによれば、プラトン的宇宙像からガリレイ的宇宙像への変換も、ニュートン的力学から量子力学的変換も、いずれも大きなパラダイム変換ではありますが、真理への接近という意味では、まったく進歩ではない、たんなるパラダイムの交代なのです。

このような科学史の理解に従えば、たとえばワインバーグらが最終の世界モデルであると認める量子力学という物理学であっても、その本体は、波動方程式や行列式からなる純粋に形式的な命題の集まりだとはいえません。それはさまざまな命題の集まりであると同時に、その命題の意味を特定する典型的現象の提示から、その妥当性を検証される実験方法のマニュアルであり、さらにはそのマニュアルの実行を観測機械の操作と結びつける無数のテクニックや、観測機械の設置を指示する青写真など、非常に複雑な構築物ということになります。

クーンのパラダイム論は、ちょうどカントの現象と物自体の区別のように、一つのパラダイム全体が、自然の特定の側面にかんするデータを受け取り、それにパラダイムという一式の構築物を使って処理することで、意味のある現象を浮き彫りにすると考えます。その意味で、クーンにおいても科学は物自体の実相に接近するのではなく、現象を浮かび上がらせるのです。ただ、カントと違うのは、このアプリオリな条件がカントのように一種類しかないというのではなくて、歴史的に変化する無数の形で存在するということです。

そして、この科学史の理解に従えば、量子力学が二〇世紀の初頭に誕生した際に構成された古典的量子力学と、超大型加速器を使ったクォークなどの粒子の衝突実験を中心に展開される、一九七〇年代の高エネルギー物理学では、別のパラダイムが機能しているので、表面上は同じ量子力学の探求のように見えても、実際には異なった科学的探究の作業だということになります。

しかも、もしも霧箱を使って電子などの軌跡を観測する古い物理学から、加速器を使う衝突実験へのパラダイム・シフトが起きたのであるとすれば、これとは別のパラダイム・シフトがおきたとしても、格別の不思議はありません。つまり、霧箱を使う古い方法を捨てる際に、われわれのものとはまったく別種の方法で素粒子の追跡方法が考案されていたとしたら、同じ素粒子物理学といっても、かなり別種の道が開かれていったはずです。そのための結果として、物理学が別のコースをとったであろうことは、十分に想像できるのです。

これは、真理にはいろいろあって、どれも同等に有意義だという、単純な相対主義の主張ではありません。なぜなら、複数のパラダイムの可能性があるということは、決して科学的探求の最終的な収束点がありえないということを意味する必要はないからです。

もしかしたら、あらゆる科学的探求の努力は、世界の最後の最後には、いわゆる「大究極理論」の構築という形で、収束し、結晶し、大団円を迎えるということもありうるでしょう。ただ、私たちは決してその大究極理論をすでに手にしているわけではないのですから、私たちの科学の進展のコースとは別のコースがこれからもありうるということは、認めなければなりません。いいかえれば、人類が生み出した科学的知識の成果は、歴史的に見て必然的でも普遍的でもない、という発想が重要になるのです。

私たちの新たな謎

こうした現代哲学の教えてくれる言語理論や科学史の考えを参考にして、もう一度、異星人の科学と技術の問題に戻ってみましょう。

ノーベル物理学賞を受けたワインバーグたちは、人類は科学的成果にかんして最終的な勝利にあと一歩というところまで近づいているために、宇宙のいかなる知性体にも劣らぬ知識を身につけていると考えています。これにたいして、ウィトゲンシュタインやクワインらの哲学に影響を受けた現代の思想家たちは、人間のもっている科学や技術に強い普遍性や一般性があると思うのは、むしろ一種の傲慢であって、私たちには異星人の知識にたいするアプローチの方法をほとんどもっていない可能性もある、と主張します。皆さんはこうした議論が、いかにも議論のための議論であって、ほとんど心に響くところがない屁理屈だと考えるでしょうか。それとも、ひょっとしたら、私たちは宇宙人たちとの交流について、もう一度原理的な問題に戻ってあれこれ考え直したほうがよい、と思われるでしょうか。

どうでしょう、皆さんはどちらがもっともな発想だとお考えになりますか。人類の知的発展の歴史の必然性や不可避性ということについては、これ以外にもいろいろな仕方で議論できると思われますから、皆さん自身の解答をぜひ模索していただければと思います。

いずれにしましても、この章の最初の話は、ビッグバン宇宙論という新しい宇宙観の登場によって、それまでの宇宙とはまったく違う世界像が誕生した、ということでした。この宇宙論によれば、宇宙は人類の長い歴史を通じてほとんど疑われることのなかった、定常的な世界ではなくて、大きさも構造も、すべてが生成変化して、姿を次々と変えていく流動的な世界であり、しかも、始まりをもつという意味では、有限の歴史をもつものであると考えられるようになりました（ただし、宇宙の歴史については、平行宇宙論やサイクル的宇宙論など、いろいろな解釈があるので、まだはっきりとその性質を決めるわけにはいかない、ということも述べました）。

ビッグバン宇宙論が正しくて、宇宙は定常的ではなく、発展的で変化するものであるとすれば、この宇宙には地球のような無数の生命の存在を支え、さらには、知的精神の登場を許すような世界がいくつも存在しうるように思われます。なぜなら、超新星爆発によって太陽系が生まれたのだとすれば、そうした爆発は宇宙においてあまりにも自然な基本的現象であり、しかも、太陽系の生成によって人類の生息が可能な地球が生まれたのであるとすれば、無数の太陽系を内包する宇宙の中に、地球や人類のような生命が他に存在しないということは、あまりにも不自然なことだと思われるからです。そのために、ビッグバン宇宙論は、地球外知的生命体の存在を強く示唆する世界観だと思われたのです。

ところが、一方で、こうした非常に新しく、旧来の科学の想定と大きな断絶を見せる世界観の可能性が開かれるということは、私たち人間の科学というものの普遍性や客観性に新たな反省のきっかけも提供しました。人類の歴史においては、プラトンやピュタゴラスのような閉じた太陽系のシステムから、ニュートンやカントの開かれた世界への転換が生じました。そしてそこからさらに、定常的宇宙論からの離脱を意味するビッグバン宇宙論の登場が見られました。このような大きな変換の歴史は、少なくともクーンらの科学哲学を下敷きにして考えるかぎり、科学的探求と真理との関係に再考を促します。それはたしかに、人類の科学や技術の進歩と発展の歴史が、決して必然的でも、不可避的でもなかった可能性があることを、教えているのです。

結局、ビッグバン宇宙論を採用するようになって、一方では、宇宙人の存在はかなりありそうなことに見えてきたと思われます。しかし、他方では、科学の歴史がこれほどジグザグに変化するということは、ひょっとすれば人類の知識と宇宙人の知識の間の交流について、むしろそれが不可能であることを意味しているのかもしれない、という気にもさせられます——。

これは現代の私たちが手にしている新しい逆説であり、新たな謎、パズルであるのかもしれません。

いずれにしても、宇宙と人間の関係は、現代に限らず、つねに大きな謎をはらんでいたといってもよいでしょう。古代の時代にあっても、現代のわれわれにとっても、宇宙はつねに圧倒的な美しさをもって迫ってくる世界です。そして、宇宙はまたどの時代においても、あまりにも多くの謎にみちた世界として、われわれの前に現れてきたといえるでしょう。ここでは、その宇宙が私たちに投げかけていると思われる謎の一つとして、最後に右のようなパズルを挙げてみました。この本を読まれた皆さんのフレッシュな思考が、これからこのパズルをどのように解いていくのか、私はそのことを、非常に楽しみに思っております。

注

第1章

（1）ギリシア神話に登場する神々の名前は、古代の天文学だけでなく、ルネサンスや近代以降の哲学や文学はもちろん、現代の化学に登場する元素の名前などにも応用されていて、その使用範囲には驚くほど広いものがあります。そのために、ギリシア神話の神々のキャラクターやその運命について知識をもっていることは、科学や文学への興味を深めていくための、非常に大きな助けになると思います。ギリシア神話について解説した本はいろいろありますが、次のものが一番便利だと思います。呉茂一『ギリシア神話』、上下二冊、新潮文庫、二〇〇七年。

（2）ピュタゴラスは数学者であるとともに、宗教家でもあるという意味で、非常にミステリアスな思想家です。その影響は、プラトンのみならず、コペルニクス、ケプラー、ニュートンから現代のホーキングまで、多くの天文学者、物理学者の思想の中に認めることができます。次の本は、彼の生涯や思想とともに、現代までの影響をわかりやすく解説したものです。キティ・ファーガソン『ピュタゴラスの音楽』、柴田裕之訳、白水社、二〇一一年。

（3）プラトンについて参考書もたくさんありますが、次の本が彼の主要な著書の内容と、その意義とを説明していて、非常に参考になります。納富信留『プラトンとの哲学』、岩波新書、二〇一五年。同じ著者の『哲学の誕生――ソクラテスとは何者か』、ちくま学芸文庫、二〇一七年も、ソクラテスという哲学者に始まるギリシア哲学の画期的な性格について、分かりやすく説明しています。

第2章

(1)「超越論的観念論」という言葉はいかにも哲学的ないかめしいイメージがありますから、非常にとっつきにくいと感じる人も少なくないと思います。カントの哲学はこうした難解な概念に満ちているとともに、議論の進め方がかなりアクロバット的なので、なかなかすぐには理解しにくいはずです。次の二つの本が、この哲学の特徴を詳しく説明していますので、参考になると思います。石川文康『カント入門』、ちくま新書、一九九五年。冨田恭彦『カント入門講義――超越論的観念論のロジック』、ちくま学芸文庫、二〇一七年。

(2) この本ではとくに、近代的宇宙観における時間の問題に焦点を当てていますが、空間的に「無際限な宇宙」とはどんなものなのか、ということも当然問われるべきでしょう。宇宙が空間的にほとんど無限の広さをもっているとしたら、その中に生きる人間の卑小さは、私たちの心にある種の恐怖や眩暈(めまい)を呼び起こすかもしれません。無際限な宇宙を前にした人間の孤独感をもっとも深くえぐり出して、そこからわれわれの思考を科学を超えた宗教の次元へと導こうとしたのが、デカルトとほぼ同時代のもう一人の数学的・哲学的天才ブレーズ・パスカルです。その代表作は遺書の『パンセ』です。詳しい注のついた次の訳書がお勧めです。パスカル『パ

ンセ』上中下三冊、塩川徹也訳、岩波文庫、二〇一五―一六年。

（3）カントは現象ではなくて物自体である人格が、「何々のため」という意味での道具的存在ではなく、それ自体で価値をもつ特別の存在であるということを強調しましたが、そのことをいいかえて、すべての人格は「尊厳」をもつというい方もします。この尊厳という考えが、現代に生きる私たちの基本的人権という考え方にも生きているのですが、この言葉を主題として、自由な意志をもつ人間の高貴さを謳いあげたのが、イタリア・ルネサンスの思想家ピコ・デッラ・ミランドラです。彼の思想は、さまざまな宗教（西方キリスト教、東方キリスト教、ユダヤ教、イスラム教）の違いを超えるために、この概念を重視するべきだ、と主張したところに特徴があります。次の本は、若くして死んだ彼の波乱にとんだ人生を、小説のスタイルで語ったとても面白い本です。エティエンヌ・バリリエ『蒼穹のかなたに――ピコ・デッラ・ミランドラとルネサンスの物語』Ⅰ・Ⅱ、桂芳樹訳、岩波書店、二〇〇四年。

第3章

（1）カントの地球外生命体についての発想をめぐっては、次の本が詳しく解説しています。長尾伸一『複数世界の思想史』、名古屋大学出版会、二〇一五年。この本は、ニュートン以来の西洋近代科学の時代が、宇宙における「複数世界」の可能性をどのように構想したのかについても論じている、非常に興味深い研究書です。

（2）引用は、『純粋理性批判』、「カント全集」第四巻、有福孝岳訳、岩波書店、二〇〇一年、一二七ページ、『実践理性批判』「カント全集」第七巻、坂部恵ほか訳、岩波書店、二〇〇〇年、一六七ページから。

（3） これから迎えるであろう宇宙時代にあって、人間の生き方や社会の規範について考えるためには、次のような研究書が参考になると思います。伊勢田哲治・神崎宣次・呉羽真編『宇宙倫理学』、昭和堂、二〇一八年。「宇宙の人間学」研究会編『なぜ、人は宇宙をめざすのか――「宇宙の人間学」から考える宇宙進出の意味と価値』、誠文堂新光社、二〇一五年。

（4） エイリアンの科学をめぐる、ワインバーグらの物理学者とクワインらの哲学者の意見の対立については、次の本が詳しく解説しています。興味のある方は、ぜひ参考にしてほしいと思います。イアン・ハッキング『何が社会的に構成されるのか』、出口康夫・久米暁訳、第三章「自然科学はどうなるのか」、岩波書店、二〇〇六年。

あとがき

哲学という学問は幅広い学問です。哲学には存在論や認識論、倫理学や法哲学など、さまざまな分野が含まれています。そのために、「哲学入門」という題名で書かれた本にも、いろいろなテーマを焦点にしたものがあると思います。

この本では、哲学という学問の中心的な主題を、「宇宙の中での人間の位置の探究」として考えることにしました。そのために本のタイトルを『宇宙はなぜ哲学の問題になるのか』としました。宇宙を考えることは、科学にとって非常に重要であるばかりでなく、哲学にとってもとても大事なことだ、ということを訴えたかったのです。

私自身は、哲学の中心的な課題を「宇宙の中での人間の位置の探究」と見る見方は、非常にオーソドックスであると同時に、とてもチャレンジングな考え方だとも思っています。この本では、宇宙の中での人間の位置の探究という観点に沿って、哲学史の古代から現代までを概観していますが、その作業を通じて、プラトンやカント、ルソーやウィトゲンシュタインなど、重要な思想家の理論を学ぼうとします。これらの人びとは、哲学史に登場する哲学者の中でももっとも正統的な哲学者ですから、哲学入門を宇宙の問題からはじめるというのは、とてもオーソドックスな見方だといえるでしょう。

しかし、こうした哲学入門のスタイルは、同時にかなり挑戦的なやり方だともいえます。というのも、この本の中でたびたび強調しているように、宇宙を考える人間の発想は、科学の長い歴史を通じて、何度も大きな変革を経験してきました。そしてそのために、哲学の世界でも変動する宇宙像に合わせるようにして、いろいろな思想的革命を経験することになりました。したがって、哲学入門を宇宙の問題からはじめるというのは、哲学の長い歴史の中での、思想的革命のダイナミズムを見つめてみよう、ということにつながります。この本は哲学についての「入門」の本ですが、哲学の永遠のテーマを学ぶとともに、その変転する姿にも目を開こう、と呼びかけているのです。

哲学入門の本では、プラトンやカントの議論については、できるだけ基礎的な部分だけを紹介して、難しい内容についてはあまり踏み込まない、というのが普通かもしれません。この本も基本的にはそうした発想で書かれています。しかし、デミウルゴスによる宇宙創造の話や、純粋理性のアンチノミーの話のように、いかにも哲学らしい込み入った議論についても、その複雑な道筋を辿(たど)れるように、多少丁寧に説明してみました。そのために、読んでいて頭が混乱すると感じる人もいるかもしれません。そんな時には、こまごました議論を離れて、魅力あふれるイラストを楽しみつつ議論の雰囲気だけでも味わっていただけたら、と思います。

このように、抽象的な議論しか登場しない哲学入門の本でも、若い読者の方々が少しでも親しみを覚えることができるようにと、みずみずしい感性で、楽しいイラストを寄せて下さった、大塚砂織さんに心から感謝いたします。

また、若い人に向けた哲学の入門書を書かないかと、最初に声をかけて下さり、執筆の途中でもいろいろなアドバイスを下さった、ちくまプリマー新書編集部の平野洋子さんにも、ご協力を感謝いたします。有難うございました。

著者

ちくまプリマー新書

187 はじまりの数学　野﨑昭弘

なぜ数学を学ばなければいけないのか。その経緯を人類史から問い直し、現代数学の三つの武器を明らかにして、その使い方をやさしく楽しく伝授する。壮大な入門書。

011 世にも美しい数学入門　藤原正彦　小川洋子

数学者は「数学は、ただ圧倒的に美しいものです」とはっきり言い切る。作家は、想像力に裏打ちされた鋭い質問によって、美しさの核心に迫っていく。

179 宇宙就職案内　林公代

生活圏は上空三六〇〇〇キロまで広がった。宇宙が職場なのは宇宙飛行士や天文学者ばかりじゃない！　可能性無限大の、仕事場・ビジネスの場としての宇宙を紹介。

195 宇宙はこう考えられている――ビッグバンからヒッグス粒子まで　青野由利

ヒッグス粒子の発見が何をもたらすかを皮切りに、宇宙論、天文学、素粒子物理学が私たちの知らない宇宙の真理にどのようにせまってきているかを分り易く解説する。

297 世界一美しい人体の教科書〈カラー新書〉　坂井建雄

いまだ解き明かされぬ神秘に満ちた人体。最新の研究成果をもとに、主要な臓器の構造と働きをわかりやすく解説。100枚の美しい超ミクロカラー写真でその謎に迫る！

ちくまプリマー新書332

宇宙はなぜ哲学の問題になるのか

二〇一九年八月十日　初版第一刷発行

著者　伊藤邦武（いとう・くにたけ）

装幀　クラフト・エヴィング商會

発行者　喜入冬子

発行所　株式会社筑摩書房
東京都台東区蔵前二‐五‐三　〒一一一‐八七五五
電話番号　〇三‐五六八七‐二六〇一（代表）

印刷・製本　中央精版印刷株式会社

ISBN978-4-480-68356-4 C0210 Printed in Japan